구약9

역대상 | 역대하

1,2 Chronicles

의 손글씨

시작한 날 . . .

마친 날 . . .

MISSION TORCH

성경읽기표 | Bible Writing Plan

구약 (　　년　　월　　일부터　　　년　　월　　일까지)

모세모경

창 세 기	1	2	3	4	5	6	7	8	9	10	11	12	13	14	15	16	17	18	19	20	21	22	23	24
	25	26	27	28	29	30	31	32	33	34	35	36	37	38	39	40	41	42	43	44	45	46	47	48
	49	50																						
출 애 굽 기	1	2	3	4	5	6	7	8	9	10	11	12	13	14	15	16	17	18	19	20	21	22	23	24
	25	26	27	28	29	30	31	32	33	34	35	36	37	38	39	40								
레 위 기	1	2	3	4	5	6	7	8	9	10	11	12	13	14	15	16	17	18	19	20	21	22	23	24
	25	26	27																					
민 수 기	1	2	3	4	5	6	7	8	9	10	11	12	13	14	15	16	17	18	19	20	21	22	23	24
	25	26	27	28	29	30	31	32	33	34	35	36												
신 명 기	1	2	3	4	5	6	7	8	9	10	11	12	13	14	15	16	17	18	19	20	21	22	23	24
	25	26	27	28	29	30	31	32	33	34														

역사서

여 호 수 아	1	2	3	4	5	6	7	8	9	10	11	12	13	14	15	16	17	18	19	20	21	22	23	24
사 사 기	1	2	3	4	5	6	7	8	9	10	11	12	13	14	15	16	17	18	19	20	21			
룻 기	1	2	3	4																				
사 무 엘 상	1	2	3	4	5	6	7	8	9	10	11	12	13	14	15	16	17	18	19	20	21	22	23	24
	25	26	27	28	29	30	31																	
사 무 엘 하	1	2	3	4	5	6	7	8	9	10	11	12	13	14	15	16	17	18	19	20	21	22	23	24
열 왕 기 상	1	2	3	4	5	6	7	8	9	10	11	12	13	14	15	16	17	18	19	20	21	22		
열 왕 기 하	1	2	3	4	5	6	7	8	9	10	11	12	13	14	15	16	17	18	19	20	21	22	23	24
	25																							
역 대 상	1	2	3	4	5	6	7	8	9	10	11	12	13	14	15	16	17	18	19	20	21	22	23	24
	25	26	27	28	29																			
역 대 하	1	2	3	4	5	6	7	8	9	10	11	12	13	14	15	16	17	18	19	20	21	22	23	24
	25	26	27	28	29	30	31	32	33	34	35	36												
에 스 라	1	2	3	4	5	6	7	8	9	10														
느 헤 미 야	1	2	3	4	5	6	7	8	9	10	11	12	13											
에 스 더	1	2	3	4	5	6	7	8	9	10														

시가서

욥 기	1	2	3	4	5	6	7	8	9	10	11	12	13	14	15	16	17	18	19	20	21	22	23	24
	25	26	27	28	29	30	31	32	33	34	35	36	37	38	39	40	41	42						
시 편	1	2	3	4	5	6	7	8	9	10	11	12	13	14	15	16	17	18	19	20	21	22	23	24
	25	26	27	28	29	30	31	32	33	34	35	36	37	38	39	40	41	42	43	44	45	46	47	48
	49	50	51	52	53	54	55	56	57	58	59	60	61	62	63	64	65	66	67	68	69	70	71	72
	73	74	75	76	77	78	79	80	81	82	83	84	85	86	87	88	89	90	91	92	93	94	95	96
	97	98	99	100	101	102	103	104	105	106	107	108	109	110	111	112	113	114	115	116	117	118	119	120
	121	122	123	124	125	126	127	128	129	130	131	132	133	134	135	136	137	138	139	140	141	142	143	144
	145	146	147	148	149	150																		
잠 언	1	2	3	4	5	6	7	8	9	10	11	12	13	14	15	16	17	18	19	20	21	22	23	24
	25	26	27	28	29	30	31																	
전 도 서	1	2	3	4	5	6	7	8	9	10	11	12												
아 가	1	2	3	4	5	6	7	8																

선지서

이 사 야	1	2	3	4	5	6	7	8	9	10	11	12	13	14	15	16	17	18	19	20	21	22	23	24
	25	26	27	28	29	30	31	32	33	34	35	36	37	38	39	40	41	42	43	44	45	46	47	48
	49	50	51	52	53	54	55	56	57	58	59	60	61	62	63	64	65	66						

예레미야	1	2	3	4	5	6	7	8	9	10	11	12	13	14	15	16	17	18	19	20	21	22	23	24
	25	26	27	28	29	30	31	32	33	34	35	36	37	38	39	40	41	42	43	44	45	46	47	48
	49	50	51	52																				
예레미야애가	1	2	3	4	5																			
에스겔	1	2	3	4	5	6	7	8	9	10	11	12	13	14	15	16	17	18	19	20	21	22	23	24
	25	26	27	28	29	30	31	32	33	34	35	36	37	38	39	40	41	42	43	44	45	46	47	48
다니엘	1	2	3	4	5	6	7	8	9	10	11	12												
호세아	1	2	3	4	5	6	7	8	9	10	11	12	13	14										
요엘	1	2	3																					
아모스	1	2	3	4	5	6	7	8	9															
오바댜	1																							
요나	1	2	3	4																				
미가	1	2	3	4	5	6	7																	
나훔	1	2	3																					
하박국	1	2	3																					
스바냐	1	2	3																					
학개	1	2																						
스가랴	1	2	3	4	5	6	7	8	9	10	11	12	13	14										
말라기	1	2	3	4																				

신약(　　년　월　일부터　　년　월　일까지)

복음,역사서

마태복음	1	2	3	4	5	6	7	8	9	10	11	12	13	14	15	16	17	18	19	20	21	22	23	24
	25	26	27	28																				
마가복음	1	2	3	4	5	6	7	8	9	10	11	12	13	14	15	16								
누가복음	1	2	3	4	5	6	7	8	9	10	11	12	13	14	15	16	17	18	19	20	21	22	23	24
요한복음	1	2	3	4	5	6	7	8	9	10	11	12	13	14	15	16	17	18	19	20	21			
사도행전	1	2	3	4	5	6	7	8	9	10	11	12	13	14	15	16	17	18	19	20	21	22	23	24
	25	26	27	28																				

서신서

로마서	1	2	3	4	5	6	7	8	9	10	11	12	13	14	15	16								
고린도전서	1	2	3	4	5	6	7	8	9	10	11	12	13	14	15	16								
고린도후서	1	2	3	4	5	6	7	8	9	10	11	12	13											
갈라디아서	1	2	3	4	5	6																		
에베소서	1	2	3	4	5	6																		
빌립보서	1	2	3	4																				
골로새서	1	2	3	4																				
데살로니가전서	1	2	3	4	5																			
데살로니가후서	1	2	3																					
디모데전서	1	2	3	4	5	6																		
디모데후서	1	2	3	4																				
디도서	1	2	3																					
빌레몬서	1																							
히브리서	1	2	3	4	5	6	7	8	9	10	11	12	13											
야고보서	1	2	3	4	5																			
베드로전서	1	2	3	4	5																			
베드로후서	1	2	3																					
요한일서	1	2	3	4	5																			
요한이서	1																							
요한삼서	1																							
유다서	1																							

예언서

요한계시록	1	2	3	4	5	6	7	8	9	10	11	12	13	14	15	16	17	18	19	20	21	22		

▶ 공동체 성경쓰기 운동_ 써바이블

"써(Write) 바이블(Bible)"은 공동체 성경쓰기의 타이틀로, 우리의 생존(Survival)에 성경이 가장 소중하다는 의미를 담고 있으며, 가장 기본인 말씀으로 돌아가기를 시작하자는 손글씨성경쓰기 운동입니다.

손글씨 성경_ 읽고, 쓰고, 마음판에 새기다

기독교는 말씀의 종교라고 합니다. 그것은 하나님께서 주신 '말씀'(성경)으로부터 모든 역사를 이루어 왔기 때문입니다. 따라서 모든 그리스도인들은 하나님께서 주신 말씀을 읽고, 묵상하고, 다시 적용하는 '신앙인의 삶'을 가장 우선순위에 둡니다. 말씀을 읽지 않고 하나님을 예배할 수 없고, 말씀을 묵상하지 않고 하나님의 계획을 알 수 없고, 말씀을 적용하지 않고 성화될 수 없기 때문입니다. 성경을 읽고 마음판에 새기기 위하여 쓰기의 중요성과 필요성은 아무리 강조해도 지나치지 않습니다.

▶ 성경읽기와 쓰기의 중요성과 필요성

① 성경은 하나님의 말씀이며 하나님의 계획을 담고 있기에, 읽고 쓰고 마음판에 새겨야 합니다.
② 성경은 우리를 향한 하나님의 사랑의 표현이기 때문에, 읽고 쓰고 마음판에 새겨야 합니다.
③ 성경은 우리를 구속하기 위한 하나님의 은혜이기 때문에, 읽고 쓰고 마음판에 새겨야 합니다.
④ 성경은 우리를 진리로 인도하기 때문에, 읽고 쓰고 마음판에 새겨야 합니다.
⑤ 성경을 읽고 쓰는 것은 모든 그리스도인들에게 선택이 아닌 필수입니다.

"이 율법책을 네 입에서 떠나지 말게 하며
주야로 그것을 묵상하여 그 안에 기록된 대로 다 지켜 행하라
그리하면 네 길이 평탄하게 될 것이며 네가 형통하리라"
(수 1:8)

손글씨 성경

역대상 1Chronicle

아담에서 아브라함까지(창 5:1-32; 10:1-32; 11:10-26)

1 아담, 셋, 에노스,
2 게난, 마할랄렐, 야렛,
3 에녹, 므두셀라, 라멕,
4 노아, 셈, 함과 야벳은 조상들이라
5 야벳의 자손은 고멜과 마곡과 마대와
야완과 두발과 메섹과 디라스요
6 고멜의 자손은 아스그나스와 디밧과
도갈마요
7 야완의 자손은 엘리사와 다시스와 깃
딤과 도다님이더라
8 함의 자손은 구스와 미스라임과 붓과
가나안이요
9 구스의 자손은 스바와 하윌라와 삽다
와 라아마와 삽드가요 라아마의 자손은
스바와 드단이요
10 구스가 또 니므롯을 낳았으니 세상에
서 첫 영걸이며
11 미스라임은 루딤과 아나밈과 르하빔
과 납두힘과
12 바드루심과 가슬루힘과 갑도림을 낳
았으니 블레셋 종족은 가슬루힘에게서
나왔으며
13 가나안은 맏아들 시돈과 헷을 낳고
14 또 여부스 종족과 아모리 종족과 기르
가스 종족과
15 히위 종족과 알가 종족과 신 종족과

아담에서 아브라함까지(창 5:1-32; 10:1-32; 11:10-26)

1 2

3

4

5

6

7

8

9

10

11

12

13

14

15

16 아르왓 종족과 스말 종족과 하맛 종족 을 낳았더라	16
17 셈의 자손은 엘람과 앗수르와 아르박 삿과 룻과 아람과 우스와 훌과 게델과 메 섹이라	17
18 아르박삿은 셀라를 낳고 셀라는 에벨 을 낳고	18
19 에벨은 두 아들을 낳아 하나의 이름을 벨렉이라 하였으니 이는 그 때에 땅이 나 뉘었음이요 그의 아우의 이름은 욕단이며	19
20 욕단이 알모닷과 셀렙과 하살마웻과 예라와	20
21 하도람과 우살과 디글라와	21
22 에발과 아비마엘과 스바와	22
23 오빌과 하윌라와 요밥을 낳았으니 욕 단의 자손은 이상과 같으니라	23
24 셈, 아르박삿, 셀라,	24
25 에벨, 벨렉, 르우,	25
26 스룩, 나홀, 데라,	26
27 아브람 곧 아브라함은 조상들이요	27
이스마엘의 세계(창 25:12-16)	이스마엘의 세계(창 25:12-16)
28 아브라함의 자손은 이삭과 이스마엘 이라	28
29 이스마엘의 족보는 이러하니 그의 맏 아들은 느바욧이요 다음은 게달과 앗브 엘과 밉삼과	29
30 미스마와 두마와 맛사와 하닷과 데마 와	30
31 여둘과 나비스와 게드마라 이들은 이 스마엘의 자손들이라	31

32 아브라함의 소실 그두라가 낳은 자손
은 시므란과 욕산과 므단과 미디안과 이
스박과 수아요 욕산의 자손은 스바와 드
단이요
33 미디안의 자손은 에바와 에벨과 하녹
과 아비다와 엘다아니 이들은 모두 그두
라의 자손들이라

에서의 자손(창 36:1-19, 20-30)

34 아브라함이 이삭을 낳았으니 이삭의
아들은 에서와 이스라엘이더라
35 에서의 아들은 엘리바스와 르우엘과
여우스와 얄람과 고라요
36 엘리바스의 아들은 데만과 오말과 스
비와 가담과 그나스와 딤나와 아말렉이
요
37 르우엘의 아들은 나핫과 세라와 삼마
와 밋사요
38 세일의 아들은 로단과 소발과 시브온
과 아나와 디손과 에셀과 디산이요
39 로단의 아들은 호리와 호맘이요 로단
의 누이는 딤나요
40 소발의 아들은 알랸과 마나핫과 에발
과 스비와 오남이요 시브온의 아들은 아
야와 아나요
41 아나의 아들은 디손이요 디손의 아들
은 하므란과 에스반과 이드란과 그란이요
42 에셀의 아들은 빌한과 사아완과 야아
간이요 디산의 아들은 우스와 아란이더라

에돔 땅을 다스린 왕들(창 36:31-43)

43 이스라엘 자손을 다스리는 왕이 있기

32

33

에서의 자손(창 36:1-19, 20-30)

34

35

36

37

38

39

40

41

42

에돔 땅을 다스린 왕들(창 36:31-43)

43

전에 에돔 땅을 다스린 왕은 이러 하니라
브올의 아들 벨라니 그의 도성 이름은 딘
하바이며
44 벨라가 죽으매 보스라 세라의 아들 요
밥이 대신하여 왕이 되고
45 요밥이 죽으매 데만 종족의 땅의 사람
후삼이 대신하여 왕이 되고
46 후삼이 죽으매 브닷의 아들 하닷이 대
신하여 왕이 되었으니 하닷은 모압 들에
서 미디안을 친 자요 그 도성 이름은 아윗
이며
47 하닷이 죽으매 마스레가의 사믈라가
대신하여 왕이 되고
48 사믈라가 죽으매 강 가의 르호봇 사울
이 대신하여 왕이 되고
49 사울이 죽으매 악볼의 아들 바알하난
이 대신하여 왕이 되고
50 바알하난이 죽으매 하닷이 대신하여
왕이 되었으니 그의 도성 이름은 바이요
그의 아내의 이름은 므헤다벨이라 메사
합의 손녀요 마드렛의 딸이더라
51 하닷이 죽으니라 그리고 에돔의 족장
은 이러하니 딤나 족장과 알랴 족장과 여
뎃 족장과
52 오홀리바마 족장과 엘라 족장과 비논
족장과
53 그나스 족장과 데만 족장과 밉살 족장
과
54 막디엘 족장과 이람 족장이라 에돔의
족장이 이러하였더라

44

45

46

47

48

49

50

51

52

53

54

2 이스라엘의 아들은 이러하니 르우벤
과 시므온과 레위와 유다와 잇사갈과
스불론과
2 단과 요셉과 베냐민과 납달리와 갓과
아셀이더라

유다의 자손

3 유다의 아들은 에르와 오난과 셀라니
이 세 사람은 가나안 사람 수아의 딸이 유
다에게 낳아 준 자요 유다의 맏아들 에르
는 여호와 보시기에 악하였으므로 여호
와께서 죽이셨고
4 유다의 며느리 다말이 유다에게 베레
스와 세라를 낳아 주었으니 유다의 아들
이 모두 다섯이더라
5 베레스의 아들은 헤스론과 하물이요
6 세라의 아들은 시므리와 에단과 헤만
과 갈골과 다라니 모두 다섯 사람이요
7 갈미의 아들은 아갈이니 그는 진멸시
킬 물건을 범하여 이스라엘을 괴롭힌 자
이며
8 에단의 아들은 아사랴더라

다윗의 가계

9 헤스론이 낳은 아들은 여라므엘과 람
과 글루배라
10 람은 암미나답을 낳고 암미나답은 나
손을 낳았으니 나손은 유다 자손의 방백
이며
11 나손은 살마를 낳고 살마는 보아스를
낳고
12 보아스는 오벳을 낳고 오벳은 이새를

2
2
유다의 자손
3
4
5
6
7
8
다윗의 가계
9
10
11
12

낳고
13 이새는 맏아들 엘리압과 둘째로 아비
나답과 셋째로 시므아와
14 넷째로 느다넬과 다섯째로 랏대와
15 여섯째로 오셈과 일곱째로 다윗을 낳
았으며
16 그들의 자매는 스루야와 아비가일이
라 스루야의 아들은 아비새와 요압과 아
사헬 삼형제요
17 아비가일은 아마사를 낳았으니 아마
사의 아버지는 이스마엘 사람 예델이었
더라

헤스론의 자손

18 헤스론의 아들 갈렙이 그의 아내 아수
바와 여리옷에게서 아들을 낳았으니 그
가 낳은 아들들은 예셀과 소밥과 아르돈
이며
19 아수바가 죽은 후에 갈렙이 또 에브랏
에게 장가 들었더니 에브랏이 그에게 훌
을 낳아 주었고
20 훌은 우리를 낳고 우리는 브살렐을 낳
았더라
21 그 후에 헤스론이 육십 세에 길르앗의
아버지 마길의 딸에게 장가 들어 동침하
였더니 그가 스굽을 헤스론에게 낳아 주
었으며
22 스굽은 야일을 낳았고 야일은 길르앗
땅에서 스물세 성읍을 가졌더니
23 그술과 아람이 야일의 성읍들과 그낫
과 그에 딸린 성읍들 모두 육십을 그들에

13
14
15
16
17
헤스론의 자손
18
19
20
21
22
23

게서 빼앗았으며 이들은 다 길르앗의 아
버지 마길의 자손이었더라
24 헤스론이 갈렙 에브라다에서 죽은 후
에 그의 아내 아비야가 그로 말미암아 아
스훌을 낳았으니 아스훌은 드고아의 아
버지더라

여라므엘의 자손

25 헤스론의 맏아들 여라므엘의 아들은
맏아들 람과 그 다음 브나와 오렌과 오셈
과 아히야이며
26 여라므엘이 다른 아내가 있었으니 이
름은 아다라라 그는 오남의 어머니더라
27 여라므엘의 맏아들 람의 아들은 마아
스와 야민과 에겔이요
28 오남의 아들들은 삼매와 야다요 삼매
의 아들은 나답과 아비술이며
29 아비술의 아내의 이름은 아비하일이
라 아비하일이 아반과 몰릿을 그에게 낳
아 주었으며
30 나답의 아들들은 셀렛과 압바임이라
셀렛은 아들이 없이 죽었고
31 압바임의 아들은 이시요 이시의 아들
은 세산이요 세산의 아들은 알래요
32 삼매의 아우 야다의 아들들은 예델과
요나단이라 예델은 아들이 없이 죽었고
33 요나단의 아들들은 벨렛과 사사라 여
라므엘의 자손은 이러하며
34 세산은 아들이 없고 딸뿐이라 그에게
야르하라 하는 애굽 종이 있으므로
35 세산이 딸을 그 종 야르하에게 주어 아

24
여라므엘의 자손
25
26
27
28
29
30
31
32
33
34
35

내를 삼게 하였더니 그가 그로 말미암아
앗대를 낳고
36 앗대는 나단을 낳고 나단은 사밧을 낳
고
37 사밧은 에블랄을 낳고 에블랄은 오벳
을 낳고
38 오벳은 예후를 낳고 예후는 아사랴를
낳고
39 아사랴는 헬레스를 낳고 헬레스는 엘
르아사를 낳고
40 엘르아사는 시스매를 낳고 시스매는
살룸을 낳고
41 살룸은 여가먀를 낳고 여가먀는 엘리
사마를 낳았더라

갈렙의 자손

42 여라므엘의 아우 갈렙의 아들 곧 맏아
들은 메사이니 십의 아버지요 그 아들은
마레사니 헤브론의 아버지이며
43 헤브론의 아들들은 고라와 답부아와
레겜과 세마라
44 세마는 라함을 낳았으니 라함은 요르
그암의 아버지이며 레겜은 삼매를 낳았
고
45 삼매의 아들은 마온이라 마온은 벧술
의 아버지이며
46 갈렙의 소실 에바는 하란과 모사와 가
세스를 낳고 하란은 가세스를 낳았으며
47 야대의 아들은 레겜과 요단과 게산과
벨렛과 에바와 사압이며
48 갈렙의 소실 마아가는 세벨과 디르하

36
37
38
39
40
41
갈렙의 자손
42
43
44
45
46
47
48

나를 낳았고
49 또 맛만나의 아버지 사압을 낳았고 또
막베나와 기브아의 아버지 스와를 낳았
으며 갈렙의 딸은 악사더라
50 갈렙의 자손 곧 에브라다의 맏아들 훌
의 아들은 이러하니 기랴여아림의 아버
지 소발과
51 베들레헴의 아버지 살마와 벧가델의
아버지 하렙이라
52 기랴여아림의 아버지 소발의 자손은
하로에와 므누훗 사람의 절반이니
53 기랴여아림 족속들은 이델 종족과 붓
종족과 수맛 종족과 미스라 종족이라 이
로 말미암아 소라와 에스다올 두 종족이
나왔으며
54 살마의 자손들은 베들레헴과 느도바
종족과 아다롯벳요압과 마나핫 종족의
절반과 소라 종족과
55 야베스에 살던 서기관 종족 곧 디랏 종
족과 시므앗 종족과 수갓 종족이니 이는
다 레갑 가문의 조상 함맛에게서 나온 겐
종족이더라

다윗 왕의 아들과 딸

3 다윗이 헤브론에서 낳은 아들들은 이
러하니 맏아들은 암논이라 이스르엘
여인 아히노암의 소생이요 둘째는 다니
엘이라 갈멜 여인 아비가일의 소생이요
2 셋째는 압살롬이라 그술 왕 달매의 딸
마아가의 아들이요 넷째는 아도니야라
학깃의 아들이요

49
50
51
52
53
54
55
다윗 왕의 아들과 딸
3
2

3 다섯째는 스바댜라 아비달의 소생이
요 여섯째는 이드르암이라 다윗의 아내
에글라의 소생이니
4 이 여섯은 헤브론에서 낳았더라 다윗
이 거기서 칠 년 육 개월 다스렸고 또 예
루살렘에서 삼십삼 년 다스렸으며
5 예루살렘에서 그가 낳은 아들들은 이
러하니 시므아와 소밥과 나단과 솔로몬
네 사람은 다 암미엘의 딸 밧수아의 소생
이요
6 또 입할과 엘리사마와 엘리벨렛과
7 노가와 네벡과 야비아와
8 엘리사마와 엘랴다와 엘리벨렛 아홉
사람은
9 다 다윗의 아들이요 그들의 누이는 다말
이며 이 외에 또 소실의 아들이 있었더라

솔로몬 왕의 자손

10 솔로몬의 아들은 르호보암이요 그의
아들은 아비야요 그의 아들은 아사요 그
의 아들은 여호사밧이요
11 그의 아들은 요람이요 그의 아들은 아
하시야요 그의 아들은 요아스요
12 그의 아들은 아마샤요 그의 아들은 아
사랴요 그의 아들은 요담이요
13 그의 아들은 아하스요 그의 아들은 히
스기야요 그의 아들은 므낫세요
14 그의 아들은 아몬이요 그의 아들은 요
시야이며
15 요시야의 아들들은 맏아들 요하난과
둘째 여호야김과 셋째 시드기야와 넷째

3

4

5

6

7

8

9

솔로몬 왕의 자손

10

11

12

13

14

15

살룸이요
16 여호야김의 아들들은 그의 아들 여고
냐, 그의 아들 시드기야요
17 사로잡혀 간 여고냐의 아들들은 그의
아들 스알디엘과
18 말기람과 브다야와 세낫살과 여가먀
와 호사마와 느다뱌요
19 브다야의 아들들은 스룹바벨과 시므
이요 스룹바벨의 아들은 므술람과 하나
냐와 그의 매제 슬로밋과
20 또 하수바와 오헬과 베레갸와 하사댜
와 유삽헤셋 다섯 사람이요
21 하나냐의 아들은 블라댜와 여사야요
또 르바야의 아들 아르난의 아들들, 오바
댜의 아들들, 스가냐의 아들들이니
22 스가냐의 아들은 스마야요 스마야의
아들들은 핫두스와 이갈과 바리야와 느
아랴와 사밧 여섯 사람이요
23 느아랴의 아들은 에료에내와 히스기
야와 아스리감 세 사람이요
24 에료에내의 아들들은 호다위야와 엘
리아십과 블라야와 악굽과 요하난과 들
라야와 아나니 일곱 사람이더라

유다의 자손

4 유다의 아들들은 베레스와 헤스론과
갈미와 훌과 소발이라
2 소발의 아들 르아야는 야핫을 낳고 야
핫은 아후매와 라핫을 낳았으니 이는 소
라 사람의 종족이며
3 에담 조상의 자손들은 이스르엘과 이

16

17

18

19

20

21

22

23

24

유다의 자손

4

2

3

스마와 잇바스와 그들의 매제 하술렐보
니와
4 그돌의 아버지 브누엘과 후사의 아버
지 에셀이니 이는 다 베들레헴의 아버지
에브라다의 맏아들 훌의 소생이며
5 드고아의 아버지 아스훌의 두 아내는
헬라와 나아라라
6 나아라는 그에게 아훗삼과 헤벨과 데
므니와 하아하스다리를 낳아 주었으니
이는 나아라의 소생이요
7 헬라의 아들들은 세렛과 이소할과 에
드난이며
8 고스는 아눕과 소베바와 하룸의 아들
아하헬 종족들을 낳았으며
9 야베스는 그의 형제보다 귀중한 자라
그의 어머니가 이름하여 이르되 야베스
라 하였으니 이는 내가 수고로이 낳았다
함이었더라
10 야베스가 이스라엘 하나님께 아뢰어
이르되 주께서 내게 복을 주시려거든 나
의 지역을 넓히시고 주의 손으로 나를 도
우사 나로 환난을 벗어나 내게 근심이 없
게 하옵소서 하였더니 하나님이 그가 구
하는 것을 허락하셨더라

다른 족보

11 수하의 형 글룹이 므힐을 낳았으니 므
힐은 에스돈의 아버지요
12 에스돈은 베드라바와 바세아와 이르
나하스의 아버지 드힌나를 낳았으니 이
는 다 레가 사람이며
13 그나스의 아들들은 옷니엘과 스라야

4
5
6
7
8
9
10
다른 족보
11
12
13

요 옷니엘의 아들은 하닷이며
14 므오노대는 오브라를 낳고 스라야는
요압을 낳았으니 요압은 게하라심의 조
상이라 그들은 공장이었더라
15 여분네의 아들 갈렙의 자손은 이루와
엘라와 나암과 엘라의 자손과 그나스요
16 여할렐렐의 아들은 십과 시바와 디리
아와 아사렐이요
17 에스라의 아들들은 예델과 메렛과 에
벨과 얄론이며 메렛은 미리암과 삼매와
에스드모아의 조상 이스바를 낳았으니
18 이는 메렛이 아내로 맞은 바로의 딸 비
디아의 아들들이며 또 그의 아내 여후디
야는 그돌의 조상 예렛과 소고의 조상 헤
벨과 사노아의 조상 여구디엘을 낳았으며
19 나함의 누이인 호디야의 아내의 아들
들은 가미 사람 그일라의 아버지와 마아
가 사람 에스드모아며
20 시몬의 아들들은 암논과 린나와 벤하
난과 딜론이요 이시의 아들들은 소헷과
벤소헷이더라
21 유다의 아들 셀라의 자손은 레가의 아
버지 에르와 마레사의 아버지 라아다와
세마포 짜는 자의 집 곧 아스베야의 집 종
족과
22 또 요김과 고세바 사람들과 요아스와
모압을 다스리던 사랍과 야수비네헴이니
이는 다 옛 기록에 의존한 것이라
23 이 모든 사람은 토기장이가 되어 수풀
과 산울 가운데에 거주하는 자로서 거기

서 왕과 함께 거주하면서 왕의 일을 하였
더라

시므온의 자손

24 **시므온의 아들들은 느무엘과 야민과**
야립과 세라와 사울이요
25 **사울의 아들은 살룸이요 그의 아들은**
밉삼이요 그의 아들은 미스마요
26 **미스마의 아들은 함무엘이요 그의 아**
들은 삭굴이요 그의 아들은 시므이라
27 **시므이에게는 아들 열여섯과 딸 여섯**
이 있으나 그의 형제에게는 자녀가 몇이
못되니 그들의 온 종족이 유다 자손처럼
번성하지 못하였더라
28 **시므온 자손이 거주한 곳은 브엘세바**
와 몰라다와 하살수알과
29 **빌하와 에셈과 돌랏과**
30 **브두엘과 호르마와 시글락과**
31 **벧말가봇과 하살수심과 벧비리와 사**
아라임이니 다윗 왕 때까지 이 모든 성읍
이 그들에게 속하였으며
32 **그들이 사는 곳은 에담과 아인과 림몬**
과 도겐과 아산 다섯 성읍이요
33 **또 모든 성읍 주위에 살던 주민들의 경**
계가 바알까지 다다랐으니 시므온 자손
의 거주지가 이러하고 각기 계보가 있더
라
34 **또 메소밥과 야믈렉과 아마시야의 아**
들 요사와
35 **요엘과 아시엘의 증손 스라야의 손자**
요시비야의 아들 예후와

시므온의 자손
24
25
26
27
28
29
30
31
32
33
34
35

36 또 엘료에내와 야아고바와 여소하야
와 아사야와 아디엘과 여시미엘과 브나
야와

37 또 스마야의 오대 손 시므리의 현손 여
다야의 증손 알론의 손자 시비의 아들은
시사이니

38 여기 기록된 것들은 그들의 종족과 그
들의 가문의 지도자들의 이름이라 그들
이 매우 번성한지라

39 그들이 그들의 양 떼를 위하여 목장을
구하고자 하여 골짜기 동쪽 그돌 지경에
이르러

40 기름지고 아름다운 목장을 발견하였
는데 그 땅이 넓고 안정 되고 평안하니 이
는 옛적부터 거기에 거주해 온 사람은 함
의 자손인 까닭이라

41 이 명단에 기록된 사람들이 유다 왕 히
스기야 때에 가서 그들의 장막을 쳐서 무
찌르고 거기에 있는 모우님 사람을 쳐서
진멸하고 대신하여 오늘까지 거기에 살
고 있으니 이는 그들의 양 떼를 먹일 목장
이 거기에 있음이며

42 또 시므온 자손 중에 오백 명이 이시의
아들 블라댜와 느아랴와 르바야와 웃시
엘을 두목으로 삼고 세일 산으로 가서

43 피신하여 살아남은 아말렉 사람을 치
고 오늘까지 거기에 거주하고 있더라

르우벤의 자손

5 이스라엘의 장자 르우벤의 아들들은
이러하니라 (르우벤은 장자라도 그의

36

37

38

39

40

41

42

43

르우벤의 자손

5

아버지의 침상을 더럽혔으므로 장자의
명분이 이스라엘의 아들 요셉의 자손에
게로 돌아가서 족보에 장자의 명분대로
기록되지 못하였느니라

2 유다는 형제보다 뛰어나고 주권자가
유다에게서 났으나 장자의 명분은 요셉
에게 있으니라)

3 이스라엘의 장자 르우벤의 아들들은
하녹과 발루와 헤스론과 갈미요

4 요엘의 아들은 스마야요 그의 아들은
곡이요 그의 아들은 시므이요

5 그의 아들은 미가요 그의 아들은 르아
야요 그의 아들은 바알이요

6 그의 아들은 브에라이니 그는 르우벤
자손의 지도자로서 앗수르 왕 디글랏빌
레셀에게 사로잡힌 자라

7 그의 형제가 종족과 계보대로 우두머
리 된 자는 여이엘과 스가랴와

8 벨라니 벨라는 아사스의 아들이요 세
마의 손자요 요엘의 증손이라 그가 아로
엘에 살면서 느보와 바알므온까지 다다
랐고

9 또 동으로 가서 거주하면서 유브라데
강에서부터 광야 지경까지 다다랐으니 이
는 길르앗 땅에서 그 가축이 번식함이라

10 사울 왕 때에 그들이 하갈 사람과 더불
어 싸워 손으로 쳐죽이고 길르앗 동쪽 온
땅에서 장막에 거주하였더라

갓의 자손

11 갓 자손은 르우벤 사람을 마주 대하여

2

3

4

5

6

7

8

9

10

갓의 자손

11

바산 땅에 거주하면서 살르가까지 다다
랐으니
12 우두머리는 요엘이요 다음은 사밤이
요 또 야내와 바산에 산 사밧이요
13 그 조상의 가문의 형제들은 미가엘과
므술람과 세바와 요래와 야간과 시아와
에벨 일곱 명이니
14 이는 다 아비하일의 아들들이라 아비
하일은 후리의 아들이요 야로아의 손자
요 길르앗의 증손이요 미가엘의 현손이
요 여시새의 오대 손이요 야도의 육대 손
이요 부스의 칠대 손이며
15 또 구니의 손자 압디엘의 아들 아히가
우두머리가 되었고
16 그들이 바산 길르앗과 그 마을과 사론
의 모든 들에 거주하여 그 사방 변두리에
다다랐더라
17 이상은 유다 왕 요담 때와 이스라엘 왕
여로보암 때에 족보에 기록되었더라

므낫세 반 지파의 용사

18 르우벤 자손과 갓 사람과 므낫세 반 지
파에서 나가 싸울 만한 용사 곧 능히 방패
와 칼을 들며 활을 당겨 싸움에 익숙한 자
는 사만 사천칠백육십 명이라
19 그들이 하갈 사람과 여두르와 나비스
와 노답과 싸우는 중에
20 도우심을 입었으므로 하갈 사람과 그
들과 함께 있는 자들이 다 그들의 손에 패
하였으니 이는 그들이 싸울 때에 하나님
께 의뢰하고 부르짖으므로 하나님이 그

12

13

14

15

16

17

므낫세 반 지파의 용사

18

19

20

들에게 응답하셨음이라
21 그들이 대적의 짐승 곧 낙타 오만 마리
와 양 이십오만 마리와 나귀 이천 마리를
빼앗으며 사람 십만 명을 사로잡았고
22 죽임을 당한 자가 많았으니 이 싸움이
하나님께로 말미암았음이라 그들이 그들
의 땅에 거주하여 사로잡힐 때까지 이르
렀더라

므낫세 반 지파의 자손들

23 므낫세 반 지파 자손들이 그 땅에 거
주하면서 그들이 번성하여 바산에서부터
바알헤르몬과 스닐과 헤르몬 산까지 다
다랐으며
24 그들의 족장은 에벨과 이시와 엘리엘
과 아스리엘과 예레미야와 호다위야와
야디엘이며 다 용감하고 유명한 족장이
었더라

므낫세 반 지파의 추방

25 그들이 그들의 조상들의 하나님께 범
죄하여 하나님이 그들 앞에서 멸하신 그
땅 백성의 신들을 간음하듯 섬긴지라
26 그러므로 이스라엘 하나님이 앗수르
왕 불의 마음을 일으키시며 앗수르 왕 디
글랏빌레셀의 마음을 일으키시매 곧 르
우벤과 갓과 므낫세 반 지파를 사로잡아
할라와 하볼과 하라와 고산 강 가에 옮긴
지라 그들이 오늘까지 거기에 있으니라

레위의 가계

6 레위의 아들들은 게르손과 그핫과 므
라리요

21
22
므낫세 반 지파의 자손들
23
24
므낫세 반 지파의 추방
25
26
레위의 가계
6

2 그핫의 아들들은 아므람과 이스할과
헤브론과 웃시엘이요
3 아므람의 자녀는 아론과 모세와 미리
암이요 아론의 자녀는 나답과 아비후와
엘르아살과 이다말이며
4 엘르아살은 비느하스를 낳고 비느하
스는 아비수아를 낳고
5 아비수아는 북기를 낳고 북기는 웃시
를 낳고
6 웃시는 스라히야를 낳고 스라히야는
므라욧을 낳고
7 므라욧은 아마랴를 낳고 아마랴는 아
히둡을 낳고
8 아히둡은 사독을 낳고 사독은 아히마
아스를 낳고
9 아히마아스는 아사랴를 낳고 아사랴
는 요하난을 낳고
10 요하난은 아사랴를 낳았으니 이 아사
랴는 솔로몬이 예루살렘에 세운 성전에
서 제사장의 직분을 행한 자이며
11 아사랴는 아마랴를 낳고 아마랴는 아
히둡을 낳고
12 아히둡은 사독을 낳고 사독은 살룸을
낳고
13 살룸은 힐기야를 낳고 힐기야는 아사
랴를 낳고
14 아사랴는 스라야를 낳고 스라야는 여
호사닥을 낳았으며
15 여호와께서 느부갓네살의 손으로 유

2

3

4

5

6

7

8

9

10

11

12

13

14

15

다와 예루살렘 백성을 옮기실 때에 여호
사닥도 가니라

레위의 자손

16 레위의 아들들은 게르손과 그핫과 므
라리이며
17 게르손의 아들들의 이름은 이러하니
립니와 시므이요
18 그핫의 아들들은 아므람과 이스할과
헤브론과 웃시엘이요
19 므라리의 아들들은 말리와 무시라 그
조상에 따라 레위의 종족은 이러하니
20 게르손에게서 난 자는 곧 그의 아들 립
니요 그의 아들은 야핫이요 그의 아들은
심마요
21 그의 아들은 요아요 그의 아들은 잇도
요 그의 아들은 세라요 그의 아들은 여아
드래이며
22 그핫에게서 난 자는 곧 그 아들은 암미
나답이요 그의 아들은 고라요 그의 아들
은 앗실이요
23 그의 아들은 엘가나요 그의 아들은 에
비아삽이요 그의 아들은 앗실이요
24 그의 아들은 다핫이요 그의 아들은 우
리엘이요 그의 아들은 웃시야요 그의 아
들은 사울이라
25 엘가나의 아들들은 아마새와 아히못
이라
26 엘가나로 말하면 그의 자손은 이러하니
그의 아들은 소배요 그의 아들은 나핫이요
27 그의 아들은 엘리압이요 그의 아들은

레위의 자손
16
17
18
19
20
21
22
23
24
25
26
27

여로함이요 그의 아들은 엘가나라
28 사무엘의 아들들은 맏아들 요엘이요
다음은 아비야라
29 므라리에게서 난 자는 말리요 그의 아
들은 립니요 그의 아들은 시므이요 그의
아들은 웃사요
30 그의 아들은 시므아요 그의 아들은 학
기야요 그의 아들은 아사야더라

회막 앞에서 찬송하는 사람들

31 언약궤가 평안을 얻었을 때에 다윗이
여호와의 성전에서 찬송하는 직분을 맡
긴 자들은 아래와 같았더라
32 솔로몬이 예루살렘에서 여호와의 성
전을 세울 때까지 그들이 회막 앞에서 찬
송하는 일을 행하되 그 계열대로 직무를
행하였더라
33 직무를 행하는 자와 그의 아들들은 이
러하니 그핫의 자손 중에 헤만은 찬송하
는 자라 그는 요엘의 아들이요 요엘은 사
무엘의 아들이요
34 사무엘은 엘가나의 아들이요 엘가나
는 여로함의 아들이요 여로함은 엘리엘
의 아들이요 엘리엘은 도아의 아들이요
35 도아는 숩의 아들이요 숩은 엘가나의
아들이요 엘가나는 마핫의 아들이요 마
핫은 아마새의 아들이요
36 아마새는 엘가나의 아들이요 엘가나
는 요엘의 아들이요 요엘은 아사랴의 아
들이요 아사랴는 스바냐의 아들이요
37 스바냐는 다핫의 아들이요 다핫은 앗

28

29

30

회막 앞에서 찬송하는 사람들

31

32

33

34

35

36

37

실의 아들이요 앗실은 에비아삽의 아들
이요 에비아삽은 고라의 아들이요
38 고라는 이스할의 아들이요 이스할은
그핫의 아들이요 그핫은 레위의 아들이
요 레위는 이스라엘의 아들이라
39 헤만의 형제 아삽은 헤만의 오른쪽에
서 직무를 행하였으니 그는 베레갸의 아
들이요 베레갸는 시므아의 아들이요
40 시므아는 미가엘의 아들이요 미가엘
은 바아세야의 아들이요 바아세야는 말
기야의 아들이요
41 말기야는 에드니의 아들이요 에드니
는 세라의 아들이요 세라는 아다야의 아
들이요
42 아다야는 에단의 아들이요 에단은 심
마의 아들이요 심마는 시므이의 아들이요
43 시므이는 야핫의 아들이요 야핫은 게
르손의 아들이요 게르손은 레위의 아들
이며
44 그들의 형제 므라리의 자손 중 그의 왼
쪽에서 직무를 행하는 자는 에단이라 에
단은 기시의 아들이요 기시는 압디의 아
들이요 압디는 말룩의 아들이요
45 말룩은 하사뱌의 아들이요 하사뱌는
아마시야의 아들이요 아마시야는 힐기야
의 아들이요
46 힐기야는 암시의 아들이요 암시는 바
니의 아들이요 바니는 세멜의 아들이요
47 세멜은 말리의 아들이요 말리는 무시
의 아들이요 무시는 므라리의 아들이요

므라리는 레위의 아들이며
48 그들의 형제 레위 사람들은 하나님의
집 장막의 모든 일을 맡았더라

아론의 자손

49 아론과 그의 자손들은 번제단과 향단
위에 분향하며 제사를 드리며 지성소의
모든 일을 하여 하나님의 종 모세의 모든
명령대로 이스라엘을 위하여 속죄하니
50 아론의 자손들은 이러하니라 그의 아
들은 엘르아살이요 그의 아들은 비느하
스요 그의 아들은 아비수아요
51 그의 아들은 북기요 그의 아들은 웃시
요 그의 아들은 스라히야요
52 그의 아들은 므라욧이요 그의 아들은
아마랴요 그의 아들은 아히둡이요
53 그의 아들은 사독이요 그의 아들은 아
히마아스이더라

레위 사람의 정착지

54 그들의 거주한 곳은 사방 지계 안에 있
으니 그들의 마을은 아래와 같으니라 아
론 자손 곧 그핫 종족이 먼저 제비 뽑았으
므로
55 그들에게 유다 땅의 헤브론과 그 사방
초원을 주었고
56 그러나 그 성의 밭과 마을은 여분네의
아들 갈렙에게 주었으며
57 아론 자손에게 도피성을 주었으니 헤
브론과 립나와 그 초원과 얏딜과 에스드
모아와 그 초원과
58 힐렌과 그 초원과 드빌과 그 초원과

48
아론의 자손
49
50
51
52
53
레위 사람의 정착지
54
55
56
57
58

59 아산과 그 초원과 벧세메스와 그 초원
이며

60 또 베냐민 지파 중에서는 게바와 그 초
원과 알레멧과 그 초원과 아나돗과 그 초
원을 주었으니 그들의 종족이 얻은 성이
모두 열셋이었더라

61 그핫 자손의 남은 자에게는 절반 지파
즉 므낫세 반 지파 종족 중에서 제비 뽑아
열 성읍을 주었고

62 게르손 자손에게는 그들의 종족대로
잇사갈 지파와 아셀 지파와 납달리 지파
와 바산에 있는 므낫세 지파 중에서 열세
성읍을 주었고

63 므라리 자손에게는 그 종족대로 르우
벤 지파와 갓 지파와 스불론 지파 중에서
제비 뽑아 열두 성읍을 주었더라

64 이스라엘 자손이 이 모든 성읍과 그 목
초지를 레위 자손에게 주되

65 유다 자손의 지파와 시므온 자손의 지
파와 베냐민 자손의 지파 중에서 이 위에
기록한 여러 성읍을 제비 뽑아 주었더라

66 그핫 자손의 몇 종족은 에브라임 지파
중에서 성읍을 얻어 영토를 삼았으며

67 또 그들에게 도피성을 주었으니 에브
라임 산중 세겜과 그 초원과 게셀과 그 초
원과

68 욕므암과 그 초원과 벧호론과 그 초원
과

69 아얄론과 그 초원과 가드림몬과 그 초
원이며

59

60

61

62

63

64

65

66

67

68

69

70 또 그핫 자손의 남은 종족에게는 므낫
세 반 지파 중에서 아넬과 그 초원과 빌르
암과 그 초원을 주었더라

71 게르손 자손에게는 므낫세 반 지파 종
족 중에서 바산의 골란과 그 초원과 아스
다롯과 그 초원을 주고

72 또 잇사갈 지파 중에서 게데스와 그 초
원과 다브랏과 그 초원과

73 라못과 그 초원과 아넴과 그 초원을 주
고

74 아셀 지파 중에서 마살과 그 초원과 압
돈과 그 초원과

75 후곡과 그 초원과 르홉과 그 초원을 주
고

76 납달리 지파 중에서 갈릴리의 게데스
와 그 초원과 함몬과 그 초원과 기랴다임
과 그 초원을 주니라

77 므라리 자손의 남은 자에게는 스불론
지파 중에서 림모노와 그 초원과 다볼과
그 초원을 주었고

78 또 요단 건너 동쪽 곧 여리고 맞은편
르우벤 지파 중에서 광야의 베셀과 그 초
원과 야사와 그 초원과

79 그데못과 그 초원과 메바앗과 그 초원
을 주었고

80 또 갓 지파 중에서 길르앗의 라못과 그
초원과 마하나임과 그 초원과

81 헤스본과 그 초원과 야셀과 그 초원을
주었더라

잇사갈의 자손

70

71

72

73

74

75

76

77

78

79

80

81

잇사갈의 자손

7 잇사갈의 아들들은 돌라와 부아와 야
숩과 시므론 네 사람이며

2 돌라의 아들들은 웃시와 르바야와 여
리엘과 야매와 입삼과 스므엘이니 다 그
의 아버지 돌라의 집 우두머리라 대대로
용사이더니 다윗 때에 이르러는 그 수효
가 이만 이천육백 명이었더라

3 웃시의 아들은 이스라히야요 이스라히
야의 아들들은 미가엘과 오바댜와 요엘과
잇시야 다섯 사람이 모두 우두머리며

4 그들과 함께 있는 자는 그 계보와 종족
대로 능히 출전할 만한 군대가 삼만 육천
명이니 이는 그 처자가 많기 때문이며

5 그의 형제 잇사갈의 모든 종족은 다 용
감한 장사라 그 전체를 계수하면 팔만 칠
천 명이었더라

베냐민의 자손

6 베냐민의 아들들은 벨라와 베겔과 여
디아엘 세 사람이며

7 벨라의 아들들은 에스본과 우시와 웃
시엘과 여리못과 이리 다섯 사람이니 다
그 집의 우두머리요 큰 용사라 그 계보대
로 계수하면 이만 이천삼십사 명이며

8 베겔의 아들들은 스미라와 요아스와
엘리에셀과 엘료에내와 오므리와 여레못
과 아비야와 아나돗과 알레멧이니 베겔
의 아들들은 모두 이러하며

9 그들은 다 그 집의 우두머리요 용감한
장사라 그 자손을 계보에 의해 계수하면
이만 이백 명이며

7

2

3

4

5

베냐민의 자손

6

7

8

9

10 여디아엘의 아들은 빌한이요 빌한의 아들들은 여우스와 베냐민과 에훗과 그나아나와 세단과 다시스와 아히사할이니

11 이 여디아엘의 아들들은 모두 그 집의 우두머리요 큰 용사라 그들의 자손 중에 능히 출전할 만한 자가 만 칠천이백 명이며

12 일의 아들은 숩빔과 훕빔이요 아헬의 아들은 후심이더라

납달리의 자손

13 납달리의 아들들은 야시엘과 구니와 예셀과 살룸이니 이는 빌하의 손자더라

므낫세의 자손

14 므낫세의 아들들은 그의 아내가 낳아 준 아스리엘과 그의 소실 아람 여인이 낳아 준 길르앗의 아버지 마길이니

15 마길은 훕빔과 숩빔의 누이 마아가라 하는 이에게 장가 들었더라 므낫세의 둘째 아들의 이름은 슬로브핫이니 슬로브핫은 딸들만 낳았으며

16 마길의 아내 마아가는 아들을 낳아 그의 이름을 베레스라 하였으며 그의 아우의 이름은 세레스이며 세레스의 아들들은 울람과 라겜이요

17 울람의 아들들은 브단이니 이는 다 길르앗의 자손이라 길르앗은 마길의 아들이요 므낫세의 손자이며

18 그의 누이 함몰레겟은 이스홋과 아비에셀과 말라를 낳았고

19 스미다의 아들들은 아히안과 세겜과

10
11
12
납달리의 자손
13
므낫세의 자손
14
15
16
17
18
19

릭히와 아니암이더라

에브라임의 자손

20 에브라임의 아들은 수델라요 그의 아
들은 베렛이요 그의 아들은 다핫이요 그
의 아들은 엘르아다요 그의 아들은 다핫
이요
21 그의 아들은 사밧이요 그의 아들은 수
델라며 그가 또 에셀과 엘르앗을 낳았으
나 그들이 가드 원주민에게 죽임을 당하
였으니 이는 그들이 내려가서 가드 사람
의 짐승을 빼앗고자 하였음이라
22 그의 아버지 에브라임이 여러 날 슬퍼
하므로 그의 형제가 가서 위로하였더라
23 그리고 에브라임이 그의 아내와 동침
하매 임신하여 아들을 낳으니 그 집이 재
앙을 받았으므로 그의 이름을 브리아라
하였더라
24 에브라임의 딸은 세에라이니 그가 아
래 윗 성 벧호론과 우센세에라를 건설하
였더라
25 브리아의 아들들은 레바와 레셉이요
레셉의 아들은 델라요 그의 아들은 다한
이요
26 그의 아들은 라단이요 그의 아들은 암
미훗이요 그의 아들은 엘리사마요
27 그의 아들은 눈이요 그의 아들은 여호
수아더라
28 에브라임 자손의 토지와 거주지는 벧
엘과 그 주변 마을이요 동쪽으로는 나아
란이요 서쪽에는 게셀과 그 주변 마을이

에브라임의 자손

20

21

22

23

24

25

26

27

28

며 또 세겜과 그 주변 마을이니 아사와 그
주변 마을까지이며
29 또 므낫세 자손의 지계에 가까운 벧스
안과 그 주변 마을과 다아낙과 그 주변 마
을과 므깃도와 그 주변 마을과 돌과 그 주
변 마을이라 이스라엘의 아들 요셉의 자
손이 이 여러 곳에 거하였더라

아셀의 자손

30 아셀의 아들들은 임나와 이스와와 이
스위와 브리아요 그들의 매제는 세라이
며
31 브리아의 아들들은 헤벨과 말기엘이
니 말기엘은 비르사잇의 아버지이며
32 헤벨은 야블렛과 소멜과 호담과 그들
의 매제 수아를 낳았으며
33 야블렛의 아들들은 바삭과 빔할과 아
스왓이니 야블렛의 아들은 이러하며
34 소멜의 아들들은 아히와 로가와 호바
와 아람이요
35 그의 아우 헬렘의 아들들은 소바와 임
나와 셀레스와 아말이요
36 소바의 아들들은 수아와 하르네벨과
수알과 베리와 이므라와
37 베셀과 홋과 사마와 실사와 이드란과
브에라요
38 예델의 아들들은 여분네와 비스바와
아라요
39 울라의 아들들은 아라와 한니엘과 리
시아이니
40 이는 다 아셀의 자손으로 우두머리요

29

아셀의 자손

30

31

32

33

34

35

36

37

38

39

40

정선된 용감한 장사요 방백의 우두머리
라 출전할 만한 자를 그들의 계보대로 계
수하면 이만 육천 명이었더라

베냐민의 자손

8 베냐민이 낳은 자는 맏아들 벨라와
둘째 아스벨과 셋째 아하라와
2 넷째 노하와 다섯째 라바이며
3 벨라에게 아들들이 있으니 곧 앗달과
게라와 아비훗과
4 아비수아와 나아만과 아호아와
5 게라와 스부반과 후람이라
6 에훗의 아들들은 이러하니라 그들은
게바 주민의 우두머리로서, 사로잡혀 마
나핫으로 갔으니
7 곧 나아만과 아히야와 게라이며 게라
는 또 웃사와 아히훗을 낳았으며
8 사하라임은 두 아내 후심과 바아라를
내 보낸 후에 모압 땅에서 자녀를 낳았으
니
9 그의 아내 호데스에게서 낳은 자는 요
밥과 시비야와 메사와 말감과
10 여우스와 사갸와 미르마이니 이 아들
들은 우두머리이며
11 또 그의 아내 후심에게서 아비둡과 엘
바알을 낳았으며
12 엘바알의 아들들은 에벨과 미삼과 세
멧이니 그는 오노와 롯과 그 주변 마을들
을 세웠고
13 또 브리아와 세마이니 그들은 아얄론
주민의 우두머리가 되어 그들이 가드 주

베냐민의 자손

8

2

3

4

5

6

7

8

9

10

11

12

13

민을 쫓아냈더라
14 아히요와 사삭과 여레못과
15 스바댜와 아랏과 에델과
16 미가엘과 이스바와 요하는 다 브리아
의 아들들이요
17 스바댜와 므술람과 히스기와 헤벨과
18 이스므래와 이슬리아와 요밥은 다 엘
바알의 아들들이요
19 야김과 시그리와 삽디와
20 엘리에내와 실르대와 엘리엘과
21 아다야와 브라야와 시므랏은 다 시므
이의 아들들이요
22 이스반과 에벨과 엘리엘과
23 압돈과 시그리와 하난과
24 하나냐와 엘람과 안도디야와
25 이브드야와 브누엘은 다 사삭의 아들
들이요
26 삼스래와 스하랴와 아달랴와
27 야아레시야와 엘리야와 시그리는 다
여로함의 아들들이니
28 그들은 다 가문의 우두머리이며 그들
의 족보의 우두머리로서 예루살렘에 거
주하였더라

기브온과 예루살렘의 베냐민 사람들

29 기브온의 조상 여이엘은 기브온에 거
주하였으니 그 아내의 이름은 마아가며
30 장자는 압돈이요 다음은 술과 기스와
바알과 나답과
31 그돌과 아히오와 세겔이며
32 미글롯은 시므아를 낳았으며 그들은

14

15

16

17

18

19

20

21

22

23

24

25

26

27

28

기브온과 예루살렘의 베냐민 사람들

29

30

31

32

친족들과 더불어 마주하고 예루살렘에
거주하였더라
33 넬은 기스를 낳고 기스는 사울을 낳고
사울은 요나단과 말기수아와 아비나답과
에스바알을 낳았으며
34 요나단의 아들은 므립바알이라 므립
바알은 미가를 낳았고
35 미가의 아들들은 비돈과 멜렉과 다레
아와 아하스이며
36 아하스는 여호앗다를 낳고 여호앗다
는 알레멧과 아스마웻과 시므리를 낳고
시므리는 모사를 낳고
37 모사는 비느아를 낳았으며 비느아의
아들은 라바요 그의 아들은 엘르아사요
그의 아들은 아셀이며
38 아셀에게 여섯 아들이 있어 그들의 이
름은 이러하니 아스리감과 보그루와 이
스마엘과 스아랴와 오바댜와 하난이라
아셀의 모든 아들이 이러하며
39 그의 아우 에섹의 아들은 이러하니 그
의 맏아들은 울람이요 둘째는 여우스요
셋째는 엘리벨렛이며
40 울람의 아들은 다 용감한 장사요 활을
잘 쏘는 자라 아들과 손자가 많아 모두 백
오십 명이었더라 베냐민의 자손들은 이
러하였더라

포로 생활에서 돌아온 백성

9 온 이스라엘이 그 계보대로 계수되어
그들은 이스라엘 왕조실록에 기록되
니라 유다가 범죄함으로 말미암아 바벨

33

34

35

36

37

38

39

40

포로 생활에서 돌아온 백성

9

론으로 사로잡혀 갔더니
2 그들의 땅 안에 있는 성읍에 처음으로
거주한 이스라엘 사람들은 제사장들과
레위 사람들과 느디님 사람들이라
3 유다 자손과 베냐민 자손과 에브라임
과 므낫세 자손 중에서 예루살렘에 거주
한 자는
4 유다의 아들 베레스 자손 중에 우대이
니 그는 암미훗의 아들이요 오므리의 손
자요 이므리의 증손이요 바니의 현손이
며
5 실로 사람 중에서는 맏아들 아사야와
그의 아들들이요
6 세라 자손 중에서는 여우엘과 그 형제
육백구십 명이요
7 베냐민 자손 중에서는 핫스누아의 증
손 호다위아의 손자 므술람의 아들 살루
요
8 여로함의 아들 이브느야와 미그리의
손자 웃시의 아들 엘라요 이브니야의 증
손 르우엘의 손자 스바댜의 아들 무술람
이요
9 또 그의 형제들이라 그들의 계보대로
계수하면 구백오십육 명이니 다 종족의
가문의 우두머리들이더라

예루살렘에 정착한 제사장들

10 제사장 중에서는 여다야와 여호야립
과 야긴과
11 하나님의 성전을 맡은 자 아사랴이니
그는 힐기야의 아들이요 므술람의 손자

2

3

4

5

6

7

8

9

예루살렘에 정착한 제사장들

10

11

요 사독의 증손이요 므라욧의 현손이요
아히둡의 오대손이며

12 또 아다야이니 그는 여로함의 아들이
요 바스훌의 손자요 말기야의 증손이며
또 마아새니 그는 아디엘의 아들이요 야
세라의 손자요 므술람의 증손이요 므실
레밋의 현손이요 임멜의 오대손이며

13 또 그의 형제들이니 종족의 가문의 우
두머리라 하나님의 성전의 임무를 수행
할 힘있는 자는 모두 천칠백육십 명이더
라

예루살렘에 정착한 레위 사람들

예루살렘에 정착한 레위 사람들

14 레위 사람 중에서는 므라리 자손 스마
야이니 그는 핫숩의 아들이요 아스리감
의 손자요 하사뱌의 증손이며

15 또 박박갈과 헤레스와 갈랄과 맛다냐
이니 그는 미가의 아들이요 시그리의 손
자요 아삽의 증손이며

16 또 오바댜이니 그는 스마야의 아들이
요 갈랄의 손자요 여두둔의 증손이며 또
베레갸이니 그는 아사의 아들이요 엘가
나의 손자라 느도바 사람의 마을에 거주
하였더라

예루살렘에 정착한 회막 문지기

예루살렘에 정착한 회막 문지기

17 문지기는 살룸과 악굽과 달몬과 아히
만과 그의 형제들이니 살룸은 그 우두머
리라

18 이 사람들은 전에 왕의 문 동쪽 곧 레
위 자손의 진영의 문지기이며

19 고라의 증손 에비아삽의 손자 고레의

아들 살룸과 그의 종족 형제 곧 고라의 자
손이 수종 드는 일을 맡아 성막 문들을 지
켰으니 그들의 조상들도 여호와의 진영
을 맡고 출입문을 지켰으며
20 여호와께서 함께 하신 엘르아살의 아
들 비느하스가 옛적에 그의 무리를 거느
렸고
21 므셀레먀의 아들 스가랴는 회막 문지
기가 되었더라
22 택함을 입어 문지기 된 자가 모두 이백
열두 명이니 이는 그들의 마을에서 그들
의 계보대로 계수된 자요 다윗과 선견자
사무엘이 전에 세워서 이 직분을 맡긴 자
라
23 그들과 그들의 자손이 그 순차를 좇아
여호와의 성전 곧 성막 문을 지켰는데
24 이 문지기가 동, 서, 남, 북 사방에 섰고
25 그들의 마을에 있는 형제들은 이레마
다 와서 그들과 함께 있으니
26 이는 문지기의 우두머리 된 레위 사람
넷이 중요한 직분을 맡아 하나님의 성전
모든 방과 곳간을 지켰음이라
27 그들은 하나님의 성전을 맡은 직분이
있으므로 성전 주위에서 밤을 지내며 아침
마다 문을 여는 책임이 그들에게 있었더라

나머지 레위 사람들

28 그 중에 어떤 자는 섬기는 데 쓰는 기
구를 맡아서 그 수효대로 들여가고 수효
대로 내오며
29 또 어떤 자는 성소의 기구와 모든 그릇

20
21
22
23
24
25
26
27
나머지 레위 사람들
28
29

과 고운 가루와 포도주와 기름과 유향과
향품을 맡았으며

30 또 제사장의 아들 중의 어떤 자는 향품
으로 향기름을 만들었으며

31 고라 자손 살룸의 맏아들 맛디댜라 하
는 레위 사람은 전병을 굽는 일을 맡았으
며

32 또 그의 형제 그핫 자손 중에 어떤 자
는 진설하는 떡을 맡아 안식일마다 준비
하였더라

33 또 찬송하는 자가 있으니 곧 레위 우두
머리라 그들은 골방에 거주하면서 주야
로 자기 직분에 전념하므로 다른 일은 하
지 아니하였더라

34 그들은 다 레위 가문의 우두머리이며
그들의 족보의 우두머리로서 예루살렘에
거주하였더라

사울의 족보(대상 8:29-38)

사울의 족보(대상 8:29-38)

35 기브온의 조상 여이엘은 기브온에 거
주하였으니 그의 아내의 이름은 마아가라

36 그의 맏아들은 압돈이요 다음은 술과
기스와 바알과 넬과 나답과

37 그돌과 아히오와 스가랴와 미글롯이
며

38 미글롯은 시므암을 낳았으니 그들은
그들의 친족들과 더불어 마주하고 예루
살렘에 거주하였더라

39 넬은 기스를 낳고 기스는 사울을 낳고
사울은 요나단과 말기수아와 아비나답과
에스바알을 낳았으며

40 요나단의 아들은 므립바알이라 므립
바알은 미가를 낳았고

41 미가의 아들들은 비돈과 멜렉과 다레
아와 아하스이며

42 아하스는 야라를 낳고 야라는 알레멧
과 아스마웻과 시므리를 낳고 시므리는
모사를 낳고

43 모사는 비느아를 낳았으며 비느아의
아들은 르바야요 그의 아들은 엘르아사
요 그의 아들은 아셀이며

44 아셀이 여섯 아들이 있으니 그들의 이
름은 아스리감과 보그루와 이스마엘과
스아랴와 오바댜와 하난이라 아셀의 아
들들이 이러하였더라

사울 왕이 죽다(삼상 31:1-13)

10 블레셋 사람들과 이스라엘이 싸우
더니 이스라엘 사람들이 블레셋
사람들 앞에서 도망하다가 길보아 산에
서 죽임을 당하여 엎드러지니라

2 블레셋 사람들이 사울과 그 아들들을
추격하여 블레셋 사람들이 사울의 아들
요나단과 아비나답과 말기수아를 죽이고

3 사울을 맹렬히 치며 활 쏘는 자가 사울
에게 따라 미치매 사울이 그 쏘는 자로 말
미암아 심히 다급하여

4 사울이 자기의 무기를 가진 자에게 이
르되 너는 칼을 빼어 그것으로 나를 찌르
라 할례 받지 못한 자들이 와서 나를 욕되
게 할까 두려워하노라 그러나 그의 무기
를 가진 자가 심히 두려워하여 행하기를

40

41

42

43

44

사울 왕이 죽다(삼상 31:1-13)

10

2

3

4

원하지 아니하매 사울이 자기 칼을 뽑아
서 그 위에 엎드러지니

5 무기 가진 자가 사울이 죽는 것을 보고
자기도 칼에 엎드러져 죽으니라

6 이와 같이 사울과 그의 세 아들과 그
온 집안이 함께 죽으니라

7 골짜기에 있는 모든 이스라엘 사람이
그들의 도망한 것과 사울과 그의 아들들
이 다 죽은 것을 보고 그 성읍들을 버리고
도망하매 블레셋 사람들이 와서 거기에
거주하니라

8 이튿날에 블레셋 사람들이 와서 죽임
을 당한 자의 옷을 벗기다가 사울과 그의
아들들이 길보아 산에 엎드러졌음을 보
고

9 곧 사울의 옷을 벗기고 그의 머리와 갑
옷을 가져다가 사람을 블레셋 땅 사방에
보내 모든 이방 신전과 그 백성에게 소식
을 전하고

10 사울의 갑옷을 그들의 신전에 두고 그
의 머리를 다곤의 신전에 단지라

11 길르앗야베스 모든 사람이 블레셋 사
람들이 사울에게 행한 모든 일을 듣고

12 용사들이 다 일어나서 사울의 시체와
그의 아들들의 시체를 거두어 야베스로
가져다가 그 곳 상수리나무 아래에 그 해
골을 장사하고 칠 일간 금식하였더라

13 사울이 죽은 것은 여호와께 범죄하였
기 때문이라 그가 여호와의 말씀을 지키
지 아니하고 또 신접한 자에게 가르치기

5

6

7

8

9

10

11

12

13

를 청하고
14 여호와께 묻지 아니하였으므로 여호
와께서 그를 죽이시고 그 나라를 이새의
아들 다윗에게 넘겨 주셨더라

다윗이 이스라엘과 유다의 왕이 되다(삼하 5:1-10)

11 온 이스라엘이 헤브론에 모여 다윗
을 보고 이르되 우리는 왕의 가까운
혈족이니이다
2 전에 곧 사울이 왕이 되었을 때에도 이
스라엘을 거느리고 출입하게 한 자가 왕
이시었고 왕의 하나님 여호와께서도 왕
에게 말씀하시기를 네가 내 백성 이스라
엘의 목자가 되며 내 백성 이스라엘의 주
권자가 되리라 하셨나이다 하니라
3 이에 이스라엘의 모든 장로가 헤브론
에 있는 왕에게로 나아가니 헤브론에서
다윗이 그들과 여호와 앞에 언약을 맺으
매 그들이 다윗에게 기름을 부어 이스라
엘의 왕으로 삼으니 여호와께서 사무엘
을 통하여 전하신 말씀대로 되었더라
4 다윗이 온 이스라엘과 더불어 예루살
렘 곧 여부스에 이르니 여부스 땅의 주민
들이 거기에 거주하였더라
5 여부스 원주민이 다윗에게 이르기를
네가 이리로 들어오지 못하리라 하나 다
윗이 시온 산 성을 빼앗았으니 이는 다윗
성이더라
6 다윗이 이르되 먼저 여부스 사람을 치
는 자는 우두머리와 지휘관으로 삼으리
라 하였더니 스루야의 아들 요압이 먼저

14

다윗이 이스라엘과 유다의 왕이 되다(삼하 5:1-10)

11

2

3

4

5

6

올라갔으므로 우두머리가 되었고
7 다윗이 그 산성에 살았으므로 무리가
다윗 성이라 불렀으며
8 다윗이 밀로에서부터 두루 성을 쌓았
고 그 성의 나머지는 요압이 중수하였더
라
9 만군의 여호와께서 함께 계시니 다윗
이 점점 강성하여 가니라

다윗의 용사들(삼하 23:8-39)

10 다윗에게 있는 용사의 우두머리는 이
러하니라 이 사람들이 온 이스라엘과 더
불어 다윗을 힘껏 도와 나라를 얻게 하고
그를 세워 왕으로 삼았으니 이는 여호와
께서 이스라엘에 대하여 이르신 말씀대
로 함이었더라
11 다윗에게 있는 용사의 수효가 이러하
니라 학몬 사람의 아들 야소브암은 삼십
명의 우두머리라 그가 창을 들어 한꺼번
에 삼백 명을 죽였고
12 그 다음은 아호아 사람 도도의 아들 엘
르아살이니 세 용사 중 하나이라
13 그가 바스담밈에서 다윗과 함께 있었
더니 블레셋 사람들이 그 곳에 모여와서
치니 거기에 보리가 많이 난 밭이 있더라
백성들이 블레셋 사람들 앞에서 도망하
되
14 그가 그 밭 가운데에 서서 그 밭을 보
호하여 블레셋 사람들을 죽였으니 여호
와께서 큰 구원으로 구원하심이었더라
15 삼십 우두머리 중 세 사람이 바위로 내

7
8
9
다윗의 용사들(삼하 23:8-39)
10
11
12
13
14
15

려가서 아둘람 굴 다윗에게 이를 때에 블
레셋 군대가 르바임 골짜기에 진 쳤더라

16 그 때에 다윗은 산성에 있고 블레셋 사
람들의 진영은 베들레헴에 있는지라

17 다윗이 갈망하여 이르되 베들레헴 성
문 곁 우물 물을 누가 내게 마시게 할꼬
하매

18 이 세 사람이 블레셋 사람들의 군대를
돌파하고 지나가서 베들레헴 성문 곁 우
물 물을 길어가지고 다윗에게로 왔으나
다윗이 마시기를 기뻐하지 아니하고 그
물을 여호와께 부어드리고

19 이르되 내 하나님이여 내가 결단코 이
런 일을 하지 아니하리이다 생명을 돌아
보지 아니하고 갔던 이 사람들의 피를 어
찌 마시리이까 하고 그들이 자기 생명도
돌보지 아니하고 이것을 가져왔으므로
그것을 마시기를 원하지 아니하니라 세
용사가 이런 일을 행하였더라

20 요압의 아우 아비새는 그 세 명 중 우
두머리라 그가 창을 휘둘러 삼백 명을 죽
이고 그 세 명 가운데에 이름을 얻었으니

21 그는 둘째 세 명 가운데에 가장 뛰어나
그들의 우두머리가 되었으나 첫째 세 명
에게는 미치지 못하니라

22 갑스엘 용사의 손자 여호야다의 아들
브나야는 용감한 사람이라 그가 모압 아
리엘의 아들 둘을 죽였고 또 눈 올 때에 함
정에 내려가서 사자 한 마리를 죽였으며

23 또 키가 큰 애굽 사람을 죽였는데 그

사람의 키가 다섯 규빗이요 그 손에 든 창
이 베틀채 같으나 그가 막대기를 가지고
내려가서 그 애굽 사람의 손에서 창을 빼
앗아 그 창으로 죽였더라

24 여호야다의 아들 브나야가 이런 일을
행하였으므로 세 용사 중에 이름을 얻고

25 삼십 명 중에서는 뛰어나나 첫째 세 사
람에게는 미치지 못하니라 다윗이 그를
세워 시위대장을 삼았더라

26 또 군사 중의 큰 용사는 요압의 아우
아사헬과 베들레헴 사람 도도의 아들 엘
하난과

27 하롤 사람 삼훗과 블론 사람 헬레스와

28 드고아 사람 익게스의 아들 이라와 아
나돗 사람 아비에셀과

29 후사 사람 십브개와 아호아 사람 일래
와

30 느도바 사람 마하래와 느도바 사람 바
아나의 아들 헬렛과

31 베냐민 자손에 속한 기브아 사람 리배
의 아들 이대와 비라돈 사람 브나야와

32 가아스 시냇가에 사는 후래와 아르바
사람 아비엘과

33 바하룸 사람 아스마웻과 사알본 사람
엘리아바와

34 기손 사람 하셈의 아들들과 하랄 사람
사게의 아들 요나단과

35 하랄 사람 사갈의 아들 아히암과 울의
아들 엘리발과

36 므게랏 사람 헤벨과 블론 사람 아히야와

24
25
26
27
28
29
30
31
32
33
34
35
36

37 갈멜 사람 헤스로와 에스배의 아들 나
아래와
38 나단의 아우 요엘과 하그리의 아들 밉
할과
39 암몬 사람 셀렉과 스루야의 아들 요압
의 무기 잡은 자 베롯 사람 나하래와
40 이델 사람 이라와 이델 사람 가렙과
41 헷 사람 우리아와 알래의 아들 사밧과
42 르우벤 자손 시사의 아들 곧 르우벤 자
손의 우두머리 아디나와 그 추종자 삼십
명과
43 마아가의 아들 하난과 미덴 사람 요사
밧과
44 아스드랏 사람 웃시야와 아로엘 사람
호담의 아들 사마와 여이엘과
45 시므리의 아들 여디아엘과 그의 아우
디스 사람 요하와
46 마하위 사람 엘리엘과 엘라암의 아들
여리배와 요사위야와 모압 사람 이드마
와
47 엘리엘과 오벳과 므소바 사람 야아시
엘이더라

베냐민 지파에서 다윗을 도운 용사들

12 다윗이 기스의 아들 사울로 말미암
아 시글락에 숨어 있을 때에 그에
게 와서 싸움을 도운 용사 중에 든 자가
있었으니
2 그들은 활을 가지며 좌우 손을 놀려 물
매도 던지며 화살도 쏘는 자요 베냐민 지
파 사울의 동족인데 그 이름은 이러하니라

37

38

39

40

41

42

43

44

45

46

47

베냐민 지파에서 다윗을 도운 용사들

12

2

3 그 우두머리는 아히에셀이요 다음은
요아스이니 기브아 사람 스마아의 두 아
들이요 또 아스마웻의 아들 여시엘과 벨
렛과 또 브라가와 아나돗 사람 예후와
4 기브온 사람 곧 삼십 명 중에 용사요
삼십 명의 우두머리가 된 이스마야이며
또 예레미야와 야하시엘과 요하난과 그
데라 사람 요사밧과
5 엘루새와 여리못과 브아랴와 스마랴
와 하룹 사람 스바댜와
6 고라 사람들 엘가나와 잇시야와 아사
렐과 요에셀과 야소브암이며
7 그돌 사람 여로함의 아들 요엘라와 스
바댜더라

갓 지파에서 다윗을 도운 용사들

8 갓 사람 중에서 광야에 있는 요새에 이
르러 다윗에게 돌아온 자가 있었으니 다
용사요 싸움에 익숙하여 방패와 창을 능
히 쓰는 자라 그의 얼굴은 사자 같고 빠르
기는 산의 사슴 같으니
9 그 우두머리는 에셀이요 둘째는 오바
댜요 셋째는 엘리압이요
10 넷째는 미스만나요 다섯째는 예레미
야요
11 여섯째는 앗대요 일곱째는 엘리엘이요
12 여덟째는 요하난이요 아홉째는 엘사
밧이요
13 열째는 예레미야요 열한째는 막반내라
14 이 갓 자손이 군대 지휘관이 되어 그
작은 자는 백부장이요, 그 큰 자는 천부장

3

4

5

6

7

갓 지파에서 다윗을 도운 용사들

8

9

10

11

12

13

14

이더니
15 정월에 요단 강 물이 모든 언덕에 넘칠
때에 이 무리가 강물을 건너서 골짜기에
있는 모든 자에게 동서로 도망하게 하였
더라

베냐민과 유다에서 다윗을 도운 용사들

16 베냐민과 유다 자손 중에서 요새에 이
르러 다윗에게 나오매
17 다윗이 나가서 맞아 그들에게 말하여
이르되 만일 너희가 평화로이 내게 와서
나를 돕고자 하면 내 마음이 너희 마음과
하나가 되려니와 만일 너희가 나를 속여
내 대적에게 넘기고자 하면 내 손에 불의
함이 없으니 우리 조상들의 하나님이 감
찰하시고 책망하시기를 원하노라 하매
18 그 때에 성령이 삼십 명의 우두머리 아
마새를 감싸시니 이르되 다윗이여 우리
가 당신에게 속하겠고 이새의 아들이여
우리가 당신과 함께 있으리니 원하건대
평안하소서 당신도 평안하고 당신을 돕
는 자에게도 평안이 있을지니 이는 당신
의 하나님이 당신을 도우심이니이다 한
지라 다윗이 그들을 받아들여 군대 지휘
관을 삼았더라

므낫세 지파에서 다윗을 도운 용사들

19 다윗이 전에 블레셋 사람들과 함께 가
서 사울을 치려 할 때에 므낫세 지파에서
두어 사람이 다윗에게 돌아왔으나 다윗
등이 블레셋 사람들을 돕지 못하였음은
블레셋 사람들의 방백이 서로 의논하고

15
베냐민과 유다에서 다윗을 도운 용사들
16
17
18
므낫세 지파에서 다윗을 도운 용사들
19

보내며 이르기를 그가 그의 왕 사울에게
로 돌아가리니 우리 머리가 위태할까 하
노라 함이라

20 다윗이 시글락으로 갈 때에 므낫세 지
파에서 그에게로 돌아온 자는 아드나와
요사밧과 여디아엘과 미가엘과 요사밧과
엘리후와 실르대이니 다 므낫세의 천부
장이라

21 이 무리가 다윗을 도와 도둑 떼를 쳤으
니 그들은 다 큰 용사요 군대 지휘관이 됨
이었더라

22 그 때에 사람이 날마다 다윗에게로 돌
아와서 돕고자 하매 큰 군대를 이루어 하
나님의 군대와 같았더라

다윗의 군사들

23 싸움을 준비한 군대 지휘관들이 헤브
론에 이르러 다윗에게로 나아와서 여호
와의 말씀대로 사울의 나라를 그에게 돌
리고자 하였으니 그 수효가 이러하였더
라

24 유다 자손 중에서 방패와 창을 들고 싸
움을 준비한 자가 육천팔백 명이요

25 시므온 자손 중에서 싸움하는 큰 용사
가 칠천백 명이요

26 레위 자손 중에서 사천육백 명이요

27 아론의 집 우두머리 여호야다와 그와
함께 있는 자가 삼천칠백 명이요

28 또 젊은 용사 사독과 그의 가문의 지휘
관이 이십이 명이요

29 베냐민 자손 곧 사울의 동족은 아직도

20
21
22
다윗의 군사들
23
24
25
26
27
28
29

태반이나 사울의 집을 따르나 그 중에서
나온 자가 삼천 명이요

30 에브라임 자손 중에서 가족으로서 유
명한 큰 용사가 이만팔백 명이요

31 므낫세 반 지파 중에 이름이 기록된 자
로서 와서 다윗을 세워 왕으로 삼으려 하
는 자가 만 팔천 명이요

32 잇사갈 자손 중에서 시세를 알고 이스
라엘이 마땅히 행할 것을 아는 우두머리
가 이백 명이니 그들은 그 모든 형제를 통
솔하는 자이며

33 스불론 중에서 모든 무기를 가지고 전
열을 갖추고 두 마음을 품지 아니하고 능
히 진영에 나아가서 싸움을 잘하는 자가
오만 명이요

34 납달리 중에서 지휘관 천 명과 방패와
창을 가지고 따르는 자가 삼만 칠천 명이
요

35 단 자손 중에서 싸움을 잘하는 자가 이
만 팔천육백 명이요

36 아셀 중에서 능히 진영에 나가서 싸움
을 잘하는 자가 사만 명이요

37 요단 저편 르우벤 자손과 갓 자손과 므
낫세 반 지파 중에서 모든 무기를 가지고
능히 싸우는 자가 십이만 명이었더라

38 이 모든 군사가 전열을 갖추고 다 성심
으로 헤브론에 이르러 다윗을 온 이스라
엘 왕으로 삼고자 하고 또 이스라엘의 남
은 자도 다 한 마음으로 다윗을 왕으로 삼
고자 하여

39 무리가 거기서 다윗과 함께 사흘을 지내며 먹고 마셨으니 이는 그들의 형제가 이미 식물을 준비하였음이며

40 또 그들의 근처에 있는 자로부터 잇사갈과 스불론과 납달리까지도 나귀와 낙타와 노새와 소에다 음식을 많이 실어왔으니 곧 밀가루 과자와 무화과 과자와 건포도와 포도주와 기름이요 소와 양도 많이 가져왔으니 이는 이스라엘 가운데에 기쁨이 있음이었더라

하나님의 궤를 옮기다(삼하 6:1-11)

13 다윗이 천부장과 백부장 곧 모든 지휘관과 더불어 의논하고

2 다윗이 이스라엘의 온 회중에게 이르되 만일 너희가 좋게 여기고 또 우리의 하나님 여호와께로 말미암았으면 우리가 이스라엘 온 땅에 남아 있는 우리 형제와 또 초원이 딸린 성읍에 사는 제사장과 레위 사람에게 전령을 보내 그들을 우리에게로 모이게 하고

3 우리가 우리 하나님의 궤를 우리에게로 옮겨오자 사울 때에는 우리가 궤 앞에서 묻지 아니하였느니라 하매

4 뭇 백성의 눈이 이 일을 좋게 여기므로 온 회중이 그대로 행하겠다 한지라

5 이에 다윗이 애굽의 시홀 시내에서부터 하맛 어귀까지 온 이스라엘을 불러모으고 기럇여아림에서부터 하나님의 궤를 메어오고자 할새

6 다윗이 온 이스라엘을 거느리고 바알

39
40
하나님의 궤를 옮기다(삼하 6:1-11)
13
2
3
4
5
6

라 곧 유다에 속한 기럇여아림에 올라가
서 여호와 하나님의 궤를 메어오려 하니
이는 여호와께서 두 그룹 사이에 계시므
로 그러한 이름으로 일컬음을 받았더라

7 하나님의 궤를 새 수레에 싣고 아비나
답의 집에서 나오는데 웃사와 아히오는
수레를 몰며

8 다윗과 이스라엘 온 무리는 하나님 앞
에서 힘을 다하여 뛰놀며 노래하며 수금
과 비파와 소고와 제금과 나팔로 연주하
니라

9 기돈의 타작 마당에 이르러서는 소들
이 뛰므로 웃사가 손을 펴서 궤를 붙들었
더니

10 웃사가 손을 펴서 궤를 붙듦으로 말미
암아 여호와께서 진노하사 치시매 그가
거기 하나님 앞에서 죽으니라

11 여호와께서 웃사의 몸을 찢으셨으므
로 다윗이 노하여 그 곳을 베레스 웃사라
부르니 그 이름이 오늘까지 이르니라

12 그 날에 다윗이 하나님을 두려워하여
이르되 내가 어떻게 하나님의 궤를 내 곳
으로 오게 하리요 하고

13 다윗이 궤를 옮겨 자기가 있는 다윗 성
으로 메어들이지 못하고 그 대신 가드 사
람 오벧에돔의 집으로 메어가니라

14 하나님의 궤가 오벧에돔의 집에서 그
의 가족과 함께 석 달을 있으니라 여호와
께서 오벧에돔의 집과 그의 모든 소유에
복을 내리셨더라

7

8

9

10

11

12

13

14

예루살렘에서 다윗이 활동하다(삼하 5:11-16)

14 두로 왕 히람이 다윗에게 사신들과
백향목과 석수와 목수를 보내 그의
궁전을 건축하게 하였더라
2 다윗이 여호와께서 자기를 이스라엘
의 왕으로 삼으신 줄을 깨달았으니 이는
그의 백성 이스라엘을 위하여 그의 나라
가 높이 들림을 받았음을 앎이었더라
3 다윗이 예루살렘에서 또 아내들을 맞
아 다윗이 다시 아들들과 딸들을 낳았으
니
4 예루살렘에서 낳은 아들들의 이름은
삼무아와 소밥과 나단과 솔로몬과
5 입할과 엘리수아와 엘벨렛과
6 노가와 네벡과 야비아와
7 엘리사마와 브엘랴다와 엘리벨렛이었
더라

다윗이 블레셋을 이기다(삼하 5:17-25)

8 다윗이 기름 부음을 받아 온 이스라엘
의 왕이 되었다 함을 블레셋 사람들이 듣
고 모든 블레셋 사람들이 다윗을 찾으러
올라오매 다윗이 듣고 대항하러 나갔으
나
9 블레셋 사람들이 이미 이르러 르바임
골짜기로 쳐들어온지라
10 다윗이 하나님께 물어 이르되 내가 블
레셋 사람들을 치러 올라가리이까 주께
서 그들을 내 손에 넘기시겠나이까 하니
여호와께서 그에게 이르시되 올라가라
내가 그들을 네 손에 넘기리라 하신지라

예루살렘에서 다윗이 활동하다(삼하 5:11-16)
14
2
3
4
5
6
7
다윗이 블레셋을 이기다(삼하 5:17-25)
8
9
10

11 이에 무리가 바알브라심으로 올라갔
더니 다윗이 거기서 그들을 치고 다윗이
이르되 하나님이 물을 쪼갬 같이 내 손으
로 내 대적을 흩으셨다 하므로 그 곳 이름
을 바알브라심이라 부르니라

12 블레셋 사람이 그들의 우상을 그 곳에
버렸으므로 다윗이 명령하여 불에 사르
니라

13 블레셋 사람들이 다시 골짜기를 침범
한지라

14 다윗이 또 하나님께 묻자온대 하나님
이 이르시되 마주 올라가지 말고 그들 뒤
로 돌아 뽕나무 수풀 맞은편에서 그들을
기습하되

15 뽕나무 꼭대기에서 걸음 걷는 소리가
들리거든 곧 나가서 싸우라 너보다 하나
님이 앞서 나아가서 블레셋 사람들의 군
대를 치리라 하신지라

16 이에 다윗이 하나님의 명령대로 행하
여 블레셋 사람들의 군대를 쳐서 기브온
에서부터 게셀까지 이르렀더니

17 다윗의 명성이 온 세상에 퍼졌고 여호
와께서 모든 이방 민족으로 그를 두려워
하게 하셨더라

하나님의 궤를 옮길 준비

15 다윗이 다윗 성에서 자기를 위하여
궁전을 세우고 또 하나님의 궤를 둘
곳을 마련하고 그것을 위하여 장막을 치
고

2 다윗이 이르되 레위 사람 외에는 하나

11
12
13
14
15
16
17
하나님의 궤를 옮길 준비
15
2

님의 궤를 멜 수 없나니 이는 여호와께서
그들을 택하사 여호와의 궤를 메고 영원
히 그를 섬기게 하셨음이라 하고
3 다윗이 이스라엘 온 무리를 예루살렘
으로 모으고 여호와의 궤를 그 마련한 곳
으로 메어 올리고자 하여
4 다윗이 아론 자손과 레위 사람을 모으
니
5 그핫 자손 중에 지도자 우리엘과 그의
형제가 백이십 명이요
6 므라리 자손 중에 지도자 아사야와 그
의 형제가 이백이십 명이요
7 게르솜 자손 중에 지도자 요엘과 그의
형제가 백삼십 명이요
8 엘리사반 자손 중에 지도자 스마야와
그의 형제가 이백 명이요
9 헤브론 자손 중에 지도자 엘리엘과 그
의 형제가 팔십 명이요
10 웃시엘 자손 중에 지도자 암미나답과
그의 형제가 백십이 명이라
11 다윗이 제사장 사독과 아비아달을 부
르고 또 레위 사람 우리엘과 아사야와 요
엘과 스마야와 엘리엘과 암미나답을 불
러
12 그들에게 이르되 너희는 레위 사람의
지도자이니 너희와 너희 형제는 몸을 성
결하게 하고 내가 마련한 곳으로 이스라
엘의 하나님 여호와의 궤를 메어 올리라
13 전에는 너희가 메지 아니하였으므로
우리 하나님 여호와께서 우리를 찢으셨

3

4

5

6

7

8

9

10

11

12

13

으니 이는 우리가 규례대로 그에게 구하 지 아니하였음이라 하니	
14 이에 제사장들과 레위 사람들이 이스 라엘 하나님 여호와의 궤를 메고 올라가 려 하여 몸을 성결하게 하고	14
15 모세가 여호와의 말씀을 따라 명령한 대로 레위 자손이 채에 하나님의 궤를 꿰 어 어깨에 메니라	15
16 다윗이 레위 사람의 어른들에게 명령 하여 그의 형제들을 노래하는 자들로 세 우고 비파와 수금과 제금 등의 악기를 울 려서 즐거운 소리를 크게 내라 하매	16
17 레위 사람이 요엘의 아들 헤만과 그의 형제 중 베레야의 아들 아삽과 그의 형제 므라리 자손 중에 구사야의 아들 에단을 세우고	17
18 그 다음으로 그들의 형제 스가랴와 벤 과 야아시엘과 스미라못과 여히엘과 운 니와 엘리압과 브나야와 마아세야와 맛 디디야와 엘리블레후와 믹네야와 문지기 오벧에돔과 여이엘을 세우니	18
19 노래하는 자 헤만과 아삽과 에단은 놋 제금을 크게 치는 자요	19
20 스가랴와 아시엘과 스미라못과 여히 엘과 운니와 엘리압과 마아세야와 브나 야는 비파를 타서 알라못에 맞추는 자요	20
21 맛디디야와 엘리블레후와 믹네야와 오벧에돔과 여이엘과 아사시야는 수금을 타서 여덟째 음에 맞추어 인도하는 자요	21
22 레위 사람의 지도자 그나냐는 노래에	22

익숙하므로 노래를 인도하는 자요

23 베레갸와 엘가나는 궤 앞에서 문을 지
키는 자요

24 제사장 스바냐와 요사밧과 느다넬과
아미새와 스가랴와 브나야와 엘리에셀은
하나님의 궤 앞에서 나팔을 부는 자요 오
벧에돔과 여히야는 궤 앞에서 문을 지키
는 자이더라

하나님의 궤를 예루살렘으로 옮기다(삼하 6:12-22)

25 이에 다윗과 이스라엘 장로들과 천부
장들이 가서 여호와의 언약궤를 즐거이
메고 오벧에돔의 집에서 올라왔는데

26 하나님이 여호와의 언약궤를 멘 레위
사람을 도우셨으므로 무리가 수송아지
일곱 마리와 숫양 일곱 마리로 제사를 드
렸더라

27 다윗과 및 궤를 멘 레위 사람과 노래하
는 자와 그의 우두머리 그나냐와 모든 노
래하는 자도 다 세마포 겉옷을 입었으며
다윗은 또 베 에봇을 입었고

28 이스라엘 무리는 크게 부르며 뿔나팔
과 나팔을 불며 제금을 치며 비파와 수금
을 힘있게 타며 여호와의 언약궤를 메어
올렸더라

29 여호와의 언약궤가 다윗 성으로 들어
올 때에 사울의 딸 미갈이 창으로 내다보
다가 다윗 왕이 춤추며 뛰노는 것을 보고
그 마음에 업신여겼더라

16 하나님의 궤를 메고 들어가서 다윗
이 그것을 위하여 친 장막 가운데

23

24

하나님의 궤를 예루살렘으로 옮기다(삼하 6:12-22)

25

26

27

28

29

16

에 두고 번제와 화목제를 하나님께 드리
니라
2 다윗이 번제와 화목제 드리기를 마치
고 여호와의 이름으로 백성에게 축복하
고
3 이스라엘 무리 중 남녀를 막론하고 각
사람에게 떡 한 덩이와 야자열매로 만든
과자와 건포도로 만든 과자 하나씩을 나
누어 주었더라
4 또 레위 사람을 세워 여호와의 궤 앞에
서 섬기며 이스라엘 하나님 여호와를 칭
송하고 감사하며 찬양하게 하였으니
5 아삽은 우두머리요 그 다음은 스가랴
와 여이엘과 스미라못과 여히엘과 맛디
디아와 엘리압과 브나야와 오벧에돔과
여이엘이라 비파와 수금을 타고 아삽은
제금을 힘있게 치고
6 제사장 브나야와 야하시엘은 항상 하
나님의 언약궤 앞에서 나팔을 부니라

감사 찬양(시 105:1-15; 96:1-13; 106:47-48)

7 그 날에 다윗이 아삽과 그의 형제를 세
워 먼저 여호와께 감사하게 하여 이르기를
8 너희는 여호와께 감사하며 그의 이름
을 불러 아뢰며 그가 행하신 일을 만민 중
에 알릴지어다
9 그에게 노래하며 그를 찬양하고 그의
모든 기사를 전할지어다
10 그의 성호를 자랑하라 여호와를 구하
는 자마다 마음이 즐거울지로다
11 여호와와 그의 능력을 구할지어다 항

2

3

4

5

6

감사 찬양(시 105:1-15; 96:1-13; 106:47-48)

7

8

9

10

11

상 그의 얼굴을 찾을지어다

12-13 그의 종 이스라엘의 후손 곧 택하신
야곱의 자손 너희는 그의 행하신 기사와
그의 이적과 그의 입의 법도를 기억할지
어다

14 그는 여호와 우리 하나님이시라 그의
법도가 온 땅에 있도다

15 너희는 그의 언약 곧 천 대에 명령하신
말씀을 영원히 기억할지어다

16 이것은 아브라함에게 하신 언약이며
이삭에게 하신 맹세이며

17 이는 야곱에게 세우신 율례 곧 이스라
엘에게 하신 영원한 언약이라

18 이르시기를 내가 가나안 땅을 네게 주
어 너희 기업의 지경이 되게 하리라 하셨
도다

19 그 때에 너희 사람 수가 적어서 보잘것
없으며 그 땅에 객이 되어

20 이 민족에게서 저 민족에게로, 이 나라
에서 다른 백성에게로 유랑하였도다

21 여호와께서는 사람이 그들을 해하기
를 용납하지 아니하시고 그들 때문에 왕
들을 꾸짖어

22 이르시기를 나의 기름 부은 자에게 손
을 대지 말며 나의 선지자를 해하지 말라
하셨도다

23 온 땅이여 여호와께 노래하며 그의 구
원을 날마다 선포할지어다

24 그의 영광을 모든 민족 중에, 그의 기
이한 행적을 만민 중에 선포할지어다

12-13

14

15

16

17

18

19

20

21

22

23

24

25 여호와는 위대하시니 극진히 찬양할
것이요 모든 신보다 경외할 것임이여
26 만국의 모든 신은 헛것이나 여호와께
서는 하늘을 지으셨도다
27 존귀와 위엄이 그의 앞에 있으며 능력
과 즐거움이 그의 처소에 있도다
28 여러 나라의 종족들아 영광과 권능을
여호와께 돌릴지어다 여호와께 돌릴지어
다
29 여호와의 이름에 합당한 영광을 그에
게 돌릴지어다 제물을 들고 그 앞에 들어
갈지어다 아름답고 거룩한 것으로 여호
와께 경배할지어다
30 온 땅이여 그 앞에서 떨지어다 세계가
굳게 서고 흔들리지 아니하는도다
31 하늘은 기뻐하고 땅은 즐거워하며 모
든 나라 중에서는 이르기를 여호와께서
통치하신다 할지로다
32 바다와 거기 충만한 것이 외치며 밭과
그 가운데 모든 것은 즐거워할지로다
33 그리 할 때에 숲 속의 나무들이 여호와
앞에서 즐거이 노래하리니 주께서 땅을
심판하러 오실 것임이로다
34 여호와께 감사하라 그는 선하시며 그
의 인자하심이 영원함이로다
35 너희는 이르기를 우리 구원의 하나님
이여 우리를 구원하여 만국 가운데에서
건져내시고 모으사 우리로 주의 거룩한
이름을 감사하며 주의 영광을 드높이게
하소서 할지어다

25

26

27

28

29

30

31

32

33

34

35

36 여호와 이스라엘의 하나님을 영원부
터 영원까지 송축할지로다 하매 모든 백
성이 아멘 하고 여호와를 찬양하였더라

기브온에서 번제를 드리다

37 다윗이 아삽과 그의 형제를 여호와의
언약궤 앞에 있게 하며 항상 그 궤 앞에서
섬기게 하되 날마다 그 일대로 하게 하였
고

38 오벧에돔과 그의 형제 육십팔 명과 여
두둔의 아들 오벧에돔과 호사를 문지기
로 삼았고

39 제사장 사독과 그의 형제 제사장들에
게 기브온 산당에서 여호와의 성막 앞에
모시게 하여

40 항상 아침 저녁으로 번제단 위에 여호
와께 번제를 드리되 여호와의 율법에 기
록하여 이스라엘에게 명령하신 대로 다
준행하게 하였고

41 또 여호와의 인자하심이 영원하시므
로 그들과 함께 헤만과 여두둔과 그리고
택함을 받아 지명된 나머지 사람을 세워
감사하게 하였고

42 또 그들과 함께 헤만과 여두둔을 세워
나팔과 제금들과 하나님을 찬송하는 악
기로 소리를 크게 내게 하였고 또 여두둔
의 아들에게 문을 지키게 하였더라

43 이에 뭇 백성은 각각 그 집으로 돌아가
고 다윗도 자기 집을 위하여 축복하려고
돌아갔더라

다윗에 대한 여호와의 말씀과 계시(삼하 7:1-17)

36

기브온에서 번제를 드리다

37

38

39

40

41

42

43

다윗에 대한 여호와의 말씀과 계시(삼하 7:1-17)

17 다윗이 그의 궁전에 거주할 때에 다
윗이 선지자 나단에게 이르되 나는
백향목 궁에 거주하거늘 여호와의 언약
궤는 휘장 아래에 있도다
2 나단이 다윗에게 아뢰되 하나님이 왕
과 함께 계시니 마음에 있는 바를 모두 행
하소서
3 그 밤에 하나님의 말씀이 나단에게 임
하여 이르시되
4 가서 내 종 다윗에게 말하기를 여호와
의 말씀이 너는 내가 거할 집을 건축하지
말라
5 내가 이스라엘을 애굽에서 올라오게
한 날부터 오늘까지 집에 있지 아니하고
오직 이 장막과 저 장막에 있으며 이 성막
과 저 성막에 있었나니
6 이스라엘 무리와 더불어 가는 모든 곳
에서 내가 내 백성을 먹이라고 명령한 이
스라엘 어느 사사에게 내가 말하기를 너
희가 어찌하여 내 백향목 집을 건축하지
아니하였느냐고 말하였느냐 하고
7 또한 내 종 다윗에게 이처럼 말하라 만
군의 여호와께서 이처럼 말씀하시기를
내가 너를 목장 곧 양 떼를 따라다니던 데
에서 데려다가 내 백성 이스라엘의 주권
자로 삼고
8 네가 어디로 가든지 내가 너와 함께 있
어 네 모든 대적을 네 앞에서 멸하였은즉
세상에서 존귀한 자들의 이름 같은 이름
을 네게 만들어 주리라

17

2

3

4

5

6

7

8

9 내가 또 내 백성 이스라엘을 위하여 한 곳을 정하여 그들을 심고 그들이 그 곳에 거주하면서 다시는 옮겨가지 아니하게 하며 악한 사람들에게 전과 같이 그들을 해치지 못하게 하여

10 전에 내가 사사에게 명령하여 내 백성 이스라엘을 다스리던 때와 같지 아니하게 하고 또 네 모든 대적으로 네게 복종하게 하리라 또 네게 이르노니 여호와가 너를 위하여 한 왕조를 세울지라

11 네 생명의 연한이 차서 네가 조상들에게로 돌아가면 내가 네 뒤에 네 씨 곧 네 아들 중 하나를 세우고 그 나라를 견고하게 하리니

12 그는 나를 위하여 집을 건축할 것이요 나는 그의 왕위를 영원히 견고하게 하리라

13 나는 그의 아버지가 되고 그는 나의 아들이 되리니 나의 인자를 그에게서 빼앗지 아니하기를 내가 네 전에 있던 자에게서 빼앗음과 같이 하지 아니할 것이며

14 내가 영원히 그를 내 집과 내 나라에 세우리니 그의 왕위가 영원히 견고하리라 하셨다 하라

15 나단이 이 모든 말씀과 이 모든 계시대로 다윗에게 전하니라

다윗의 감사 기도(삼하 7:18-29)

16 다윗 왕이 여호와 앞에 들어가 앉아서 이르되 여호와 하나님이여 나는 누구이오며 내 집은 무엇이기에 나에게 이에 이

9

10

11

12

13

14

15

다윗의 감사 기도(삼하 7:18-29)

16

르게 하셨나이까

17 하나님이여 주께서 이것을 오히려 작
게 여기시고 또 종의 집에 대하여 먼 장래
까지 말씀하셨사오니 여호와 하나님이여
나를 존귀한 자들 같이 여기셨나이다

18 주께서 주의 종에게 베푸신 영예에 대
하여 이 다윗이 다시 주께 무슨 말을 하오
리이까 주께서는 주의 종을 아시나이다

19 여호와여 주께서 주의 종을 위하여 주
의 뜻대로 이 모든 큰 일을 행하사 이 모
든 큰 일을 알게 하셨나이다

20 여호와여 우리 귀로 들은 대로는 주와
같은 이가 없고 주 외에는 하나님이 없나
이다

21 땅의 어느 한 나라가 주의 백성 이스라
엘과 같으리이까 하나님이 자기 백성을
구속하시려고 나가사 크고 두려운 일로
말미암아 이름을 얻으시고 애굽에서 구
속하신 자기 백성 앞에서 모든 민족을 쫓
아내셨사오며

22 주께서 주의 백성 이스라엘을 영원히
주의 백성으로 삼으셨사오니 여호와여
주께서 그들의 하나님이 되셨나이다

23 여호와여 이제 주의 종과 그의 집에 대
하여 말씀하신 것을 영원히 견고하게 하
시며 말씀하신 대로 행하사

24 견고하게 하시고 사람에게 영원히 주의
이름을 높여 이르기를 만군의 여호와는 이
스라엘의 하나님 곧 이스라엘에게 하나님
이시라 하게 하시며 주의 종 다윗의 왕조

17

18

19

20

21

22

23

24

가 주 앞에서 견고히 서게 하옵소서

25 나의 하나님이여 주께서 종을 위하여
왕조를 세우실 것을 이미 듣게 하셨으므
로 주의 종이 주 앞에서 이 기도로 간구할
마음이 생겼나이다

26 여호와여 오직 주는 하나님이시라 주
께서 이 좋은 것으로 주의 종에게 허락하
시고

27 이제 주께서 종의 왕조에 복을 주사 주
앞에 영원히 두시기를 기뻐하시나이다
여호와여 주께서 복을 주셨사오니 이 복
을 영원히 누리리이다 하니라

다윗의 승전 기록(삼하 8:1-18)

18 그 후에 다윗이 블레셋 사람들을
쳐서 항복을 받고 블레셋 사람들의
손에서 가드와 그 동네를 빼앗고

2 또 모압을 치매 모압 사람이 다윗의 종
이 되어 조공을 바치니라

3 소바 왕 하닷에셀이 유브라데 강 가에
서 자기 세력을 펴고자 하매 다윗이 그를
쳐서 하맛까지 이르고

4 다윗이 그에게서 병거 천 대와 기병 칠
천 명과 보병 이만 명을 빼앗고 다윗이 그
병거 백 대의 말들만 남기고 그 외의 병거
의 말은 다 발의 힘줄을 끊었더니

5 다메섹 아람 사람이 소바 왕 하닷에셀
을 도우러 온지라 다윗이 아람 사람 이만
이천 명을 죽이고

6 다윗이 다메섹 아람에 수비대를 두매
아람 사람이 다윗의 종이 되어 조공을 바

25

26

27

다윗의 승전 기록(삼하 8:1-18)

18

2

3

4

5

6

치니라 다윗이 어디로 가든지 여호와께
서 이기게 하시니라
7 다윗이 하닷에셀의 신하들이 가진 금
방패를 빼앗아 예루살렘으로 가져오고
8 또 하닷에셀의 성읍 디브핫과 군에서
심히 많은 놋을 빼앗았더니 솔로몬이 그
것으로 놋대야와 기둥과 놋그릇들을 만
들었더라
9 하맛 왕 도우가 다윗이 소바 왕 하닷에
셀의 온 군대를 쳐서 무찔렀다 함을 듣고
10 그의 아들 하도람을 보내서 다윗 왕에
게 문안하고 축복하게 하니 이는 하닷에
셀이 벌써 도우와 맞서 여러 번 전쟁이 있
던 터에 다윗이 하닷에셀을 쳐서 무찔렀
음이라 하도람이 금과 은과 놋의 여러 가
지 그릇을 가져온지라
11 다윗 왕이 그것도 여호와께 드리되 에
돔과 모압과 암몬 자손과 블레셋 사람들
과 아말렉 등 모든 이방 민족에게서 빼앗
아 온 은금과 함께 하여 드리니라
12 스루야의 아들 아비새가 소금 골짜기
에서 에돔 사람 만 팔천 명을 쳐죽인지라
13 다윗이 에돔에 수비대를 두매 에돔 사
람이 다 다윗의 종이 되니라 다윗이 어디
로 가든지 여호와께서 이기게 하셨더라
14 다윗이 온 이스라엘을 다스려 모든 백
성에게 정의와 공의를 행할새
15 스루야의 아들 요압은 군대사령관이
되고 아힐룻의 아들 여호사밧은 행정장
관이 되고

7
8
9
10
11
12
13
14
15

16 아히둡의 아들 사독과 아비아달의 아
들 아비멜렉은 제사장이 되고 사워사는
서기관이 되고

17 여호야다의 아들 브나야는 그렛 사람
과 블렛 사람을 다스리고 다윗의 아들들
은 왕을 모시는 사람들의 우두머리가 되
니라

다윗이 암몬과 아람을 치다(삼하 10:1-19)

19 그 후에 암몬 자손의 왕 나하스가
죽고 그의 아들이 대신하여 왕이
되니

2 다윗이 이르되 하눈의 아버지 나하스
가 전에 내게 호의를 베풀었으니 이제 내
가 그의 아들 하눈에게 호의를 베풀리라
하고 사절들을 보내서 그의 아버지 죽음
을 문상하게 하니라 다윗의 신하들이 암
몬 자손의 땅에 이르러 하눈에게 나아가
문상하매

3 암몬 자손의 방백들이 하눈에게 말하
되 왕은 다윗이 조문사절을 보낸 것이 왕
의 부친을 존경함인 줄로 여기시나이까
그의 신하들이 왕에게 나아온 것이 이 땅
을 엿보고 정탐하여 전복시키고자 함이
아니니이까 하는지라

4 하눈이 이에 다윗의 신하들을 잡아 그
들의 수염을 깎고 그 의복을 볼기 중간까
지 자르고 돌려보내매

5 어떤 사람이 다윗에게 가서 그 사람들
이 당한 일을 말하니라 그 사람들이 심히
부끄러워하므로 다윗이 그들을 맞으러 보

16
17
다윗이 암몬과 아람을 치다(삼하 10:1-19)
19
2
3
4
5

내 왕이 이르기를 너희는 수염이 자라기
까지 여리고에 머물다가 돌아오라 하니라

6 암몬 자손이 자기가 다윗에게 밉게 한
줄 안지라 하눈과 암몬 자손은 더불어 은
천 달란트를 아람 나하라임과 아람마아
가와 소바에 보내 병거와 마병을 삯 내되

7 곧 병거 삼만 이천 대와 마아가 왕과
그의 군대를 고용하였더니 그들이 와서
메드바 앞에 진 치매 암몬 자손이 그 모든
성읍으로부터 모여 와서 싸우려 한지라

8 다윗이 듣고 요압과 용사의 온 무리를
보냈더니

9 암몬 자손은 나가서 성문 앞에 진을 치
고 도우러 온 여러 왕은 따로 들에 있더라

10 요압이 앞 뒤에 친 적진을 보고 이스라
엘에서 뽑은 자 중에서 또 뽑아 아람 사람
을 대하여 진을 치고

11 그 남은 무리는 그의 아우 아비새의 수
하에 맡겨 암몬 자손을 대하여 진을 치게
하고

12 이르되 만일 아람 사람이 나보다 강하
면 네가 나를 돕고 만일 암몬 자손이 너보
다 강하면 내가 너를 도우리라

13 너는 힘을 내라 우리가 우리 백성과 우
리 하나님의 성읍들을 위하여 힘을 내자
여호와께서 선히 여기시는 대로 행하시
기를 원하노라 하고

14 요압과 그 추종자가 싸우려고 아람 사
람 앞에 나아가니 그들이 그 앞에서 도망
하고

6

7

8

9

10

11

12

13

14

15 암몬 자손은 아람 사람이 도망함을 보
고 그들도 요압의 아우 아비새 앞에서 도
망하여 성읍으로 들어간지라 이에 요압
이 예루살렘으로 돌아오니라

16 아람 사람이 자기가 이스라엘 앞에서
패하였음을 보고 사신을 보내 강 건너편
에 있는 아람 사람을 불러내니 하닷에셀
의 군대사령관 소박이 그들을 거느린지라

17 어떤 사람이 다윗에게 전하매 다윗이
온 이스라엘을 모으고 요단을 건너 아람
사람에게 이르러 그들을 향하여 진을 치
니라 다윗이 아람 사람을 향하여 진을 치
매 그들이 다윗과 맞서 싸우더니

18 아람 사람이 이스라엘 앞에서 도망한지
라 다윗이 아람 병거 칠천 대의 군사와 보
병 사만 명을 죽이고 또 군대 지휘관 소박
을 죽이매

19 하닷에셀의 부하들이 자기가 이스라엘
앞에서 패하였음을 보고 다윗과 더불어
화친하여 섬기고 그 후로는 아람 사람이
암몬 자손 돕기를 원하지 아니하였더라

다윗이 랍바를 함락시키다(삼하 12:26-31)

20 해가 바뀌어 왕들이 출전할 때가
되매 요압이 그 군대를 거느리고
나가서 암몬 자손의 땅을 격파하고 들어
가 랍바를 에워싸고 다윗은 예루살렘에
그대로 있더니 요압이 랍바를 쳐서 함락
시키매

2 다윗이 그 왕의 머리에서 보석 있는 왕
관을 빼앗아 중량을 달아보니 금 한 달란

15

16

17

18

19

다윗이 랍바를 함락시키다(삼하 12:26-31)

20

2

트라 그들의 왕관을 자기 머리에 쓰니라
다윗이 또 그 성에서 노략한 물건을 무수
히 내오고

3 그 가운데 백성을 끌어내어 톱과 쇠도
끼와 돌써래로 일하게 하니라 다윗이 암
몬 자손의 모든 성읍을 이같이 하고 다윗
이 모든 백성과 함께 예루살렘으로 돌아
오니라

블레셋 사람들과 싸우다(삼하 21:15-22)

4 이 후에 블레셋 사람들과 게셀에서 전
쟁할 때에 후사 사람 십브개가 키가 큰 자
의 아들 중에 십배를 쳐죽이매 그들이 항
복하였더라

5 다시 블레셋 사람들과 전쟁할 때에 야
일의 아들 엘하난이 가드 사람 골리앗의
아우 라흐미를 죽였는데 이 사람의 창자
루는 베틀채 같았더라

6 또 가드에서 전쟁할 때에 그 곳에 키
큰 자 하나는 손과 발에 가락이 여섯씩 모
두 스물넷이 있는데 그도 키가 큰 자의 소
생이라

7 그가 이스라엘을 능욕하므로 다윗의
형 시므아의 아들 요나단이 그를 죽이니
라

8 가드의 키 큰 자의 소생이라도 다윗의
손과 그 신하의 손에 다 죽었더라

다윗의 인구 조사(삼하 24:1-25)

21 사탄이 일어나 이스라엘을 대적하
고 다윗을 충동하여 이스라엘을 계
수하게 하니라

3

블레셋 사람들과 싸우다(삼하 21:15-22)

4

5

6

7

8

다윗의 인구 조사(삼하 24:1-25)

21

2 다윗이 요압과 백성의 지도자들에게
이르되 너희는 가서 브엘세바에서부터
단까지 이스라엘을 계수하고 돌아와 내
게 보고하여 그 수효를 알게 하라 하니

3 요압이 아뢰되 여호와께서 그 백성을
지금보다 백 배나 더하시기를 원하나이
다 내 주 왕이여 이 백성이 다 내 주의 종
이 아니니이까 내 주께서 어찌하여 이 일
을 명령하시나이까 어찌하여 이스라엘이
범죄하게 하시나이까 하나

4 왕의 명령이 요압을 재촉한지라 드디
어 요압이 떠나 이스라엘 땅에 두루 다닌
후에 예루살렘으로 돌아와

5 요압이 백성의 수효를 다윗에게 보고
하니 이스라엘 중에 칼을 뺄 만한 자가 백
십만 명이요 유다 중에 칼을 뺄 만한 자가
사십칠만 명이라

6 요압이 왕의 명령을 마땅치 않게 여겨
레위와 베냐민 사람은 계수하지 아니하
였더라

7 하나님이 이 일을 악하게 여기사 이스
라엘을 치시매

8 다윗이 하나님께 아뢰되 내가 이 일을
행함으로 큰 죄를 범하였나이다 이제 간
구하옵나니 종의 죄를 용서하여 주옵소
서 내가 심히 미련하게 행하였나이다 하
니라

9 여호와께서 다윗의 선견자 갓에게 말
씀하여 이르시되

10 가서 다윗에게 말하여 이르기를 여호

2

3

4

5

6

7

8

9

10

와의 말씀이 내가 네게 세 가지를 내어 놓
으리니 그 중에서 하나를 네가 택하라 내
가 그것을 네게 행하리라 하셨다 하라 하
신지라

11 갓이 다윗에게 나아가 그에게 말하되
여호와의 말씀이 너는 마음대로 택하라

12 혹 삼년 기근이든지 혹 네가 석 달을
적군에게 패하여 적군의 칼에 쫓길 일이
든지 혹 여호와의 칼 곧 전염병이 사흘 동
안 이 땅에 유행하며 여호와의 천사가 이
스라엘 온 지경을 멸할 일이든지라고 하
셨나니 내가 무슨 말로 나를 보내신 이에
게 대답할지를 결정하소서 하니

13 다윗이 갓에게 이르되 내가 곤경에 빠
졌도다 여호와께서는 긍휼이 심히 크시
니 내가 그의 손에 빠지고 사람의 손에 빠
지지 아니하기를 원하나이다 하는지라

14 이에 여호와께서 이스라엘 백성에게
전염병을 내리시매 이스라엘 백성 중에
서 죽은 자가 칠만 명이었더라

15 하나님이 예루살렘을 멸하러 천사를
보내셨더니 천사가 멸하려 할 때에 여호
와께서 보시고 이 재앙 내림을 뉘우치사
멸하는 천사에게 이르시되 족하다 이제
는 네 손을 거두라 하시니 그 때에 여호와
의 천사가 여부스 사람 오르난의 타작 마
당 곁에 선지라

16 다윗이 눈을 들어 보매 여호와의 천사
가 천지 사이에 섰고 칼을 빼어 손에 들고
예루살렘 하늘을 향하여 편지라 다윗이

11

12

13

14

15

16

장로들과 더불어 굵은 베를 입고 얼굴을
땅에 대고 엎드려

17 하나님께 아뢰되 명령하여 백성을 계
수하게 한 자가 내가 아니니이까 범죄하
고 악을 행한 자는 곧 나이니이다 이 양
떼는 무엇을 행하였나이까 청하건대 나
의 하나님 여호와여 주의 손으로 나와 내
아버지의 집을 치시고 주의 백성에게 재
앙을 내리지 마옵소서 하니라

18 여호와의 천사가 갓에게 명령하여 다
윗에게 이르시기를 다윗은 올라가서 여
부스 사람 오르난의 타작 마당에서 여호
와를 위하여 제단을 쌓으라 하신지라

19 이에 갓이 여호와의 이름으로 이른 말
씀대로 다윗이 올라가니라

20 그 때에 오르난이 밀을 타작하다가 돌
이켜 천사를 보고 오르난이 네 명의 아들
과 함께 숨었더니

21 다윗이 오르난에게 나아가매 오르난
이 내다보다가 다윗을 보고 타작 마당에
서 나와 얼굴을 땅에 대고 다윗에게 절하
매

22 다윗이 오르난에게 이르되 이 타작하
는 곳을 내게 넘기라 너는 상당한 값으로
내게 넘기라 내가 여호와를 위하여 여기
한 제단을 쌓으리니 그리하면 전염병이
백성 중에서 그치리라 하니

23 오르난이 다윗에게 말하되 왕은 취하
소서 내 주 왕께서 좋게 여기시는 대로 행
하소서 보소서 내가 이것들을 드리나이

17

18

19

20

21

22

23

다 소들은 번제물로, 곡식 떠는 기계는 화
목으로, 밀은 소제물로 삼으시기 위하여
다 드리나이다 하는지라
24 다윗 왕이 오르난에게 이르되 그렇지
아니하다 내가 반드시 상당한 값으로 사
리라 내가 여호와께 드리려고 네 물건을
빼앗지 아니하겠고 값 없이는 번제를 드
리지도 아니하리라 하니라
25 그리하여 다윗은 그 터 값으로 금 육백
세겔을 달아 오르난에게 주고
26 다윗이 거기서 여호와를 위하여 제단
을 쌓고 번제와 화목제를 드려 여호와께
아뢰었더니 여호와께서 하늘에서부터 번
제단 위에 불을 내려 응답하시고
27 여호와께서 천사를 명령하시매 그가
칼을 칼집에 꽂았더라
28 이 때에 다윗이 여호와께서 여부스 사
람 오르난의 타작 마당에서 응답하심을
보고 거기서 제사를 드렸으니
29 옛적에 모세가 광야에서 지은 여호와
의 성막과 번제단이 그 때에 기브온 산당
에 있었으나
30 다윗이 여호와의 천사의 칼을 두려워
하여 감히 그 앞에 가서 하나님께 묻지 못
하더라

22 다윗이 이르되 이는 여호와 하나
님의 성전이요 이는 이스라엘의
번제단이라 하였더라

성전 건축 준비

2 다윗이 명령하여 이스라엘 땅에 거류

24

25

26

27

28

29

30

22

성전 건축 준비

2

하는 이방 사람을 모으고 석수를 시켜 하
나님의 성전을 건축할 돌을 다듬게 하고

3 다윗이 또 문짝 못과 거멀 못에 쓸 철
을 많이 준비하고 또 무게를 달 수 없을
만큼 심히 많은 놋을 준비하고

4 또 백향목을 무수히 준비하였으니 이
는 시돈 사람과 두로 사람이 백향목을 다
윗에게로 많이 수운하여 왔음이라

5 다윗이 이르되 내 아들 솔로몬은 어리
고 미숙하고 여호와를 위하여 건축할 성
전은 극히 웅장하여 만국에 명성과 영광
이 있게 하여야 할지라 그러므로 내가 이
제 그것을 위하여 준비하리라 하고 다윗
이 죽기 전에 많이 준비하였더라

6 다윗이 그의 아들 솔로몬을 불러 이스
라엘 하나님 여호와를 위하여 성전 건축
하기를 부탁하여

7 다윗이 솔로몬에게 이르되 내 아들아
나는 내 하나님 여호와의 이름을 위하여
성전을 건축할 마음이 있었으나

8 여호와의 말씀이 내게 임하여 이르시
되 너는 피를 심히 많이 흘렸고 크게 전쟁
하였느니라 네가 내 앞에서 땅에 피를 많
이 흘렸은즉 내 이름을 위하여 성전을 건
축하지 못하리라

9 보라 한 아들이 네게서 나리니 그는 온
순한 사람이라 내가 그로 주변 모든 대적
에게서 평온을 얻게 하리라 그의 이름을
솔로몬이라 하리니 이는 내가 그의 생전
에 평안과 안일함을 이스라엘에게 줄 것

3

4

5

6

7

8

9

임이니라
10 그가 내 이름을 위하여 성전을 건축할
지라 그는 내 아들이 되고 나는 그의 아버
지가 되어 그 나라 왕위를 이스라엘 위에
굳게 세워 영원까지 이르게 하리라 하셨
나니
11 이제 내 아들아 여호와께서 너와 함께
계시기를 원하며 네가 형통하여 여호와
께서 네게 대하여 말씀하신 대로 네 하나
님 여호와의 성전을 건축하며
12 여호와께서 네게 지혜와 총명을 주사
네게 이스라엘을 다스리게 하시고 네 하
나님 여호와의 율법을 지키게 하시기를
더욱 원하노라
13 그 때에 네가 만일 여호와께서 모세를
통하여 이스라엘에게 명령하신 모든 규
례와 법도를 삼가 행하면 형통하리니 강
하고 담대하여 두려워하지 말고 놀라지
말지어다
14 내가 환난 중에 여호와의 성전을 위하
여 금 십만 달란트와 은 백만 달란트와 놋
과 철을 그 무게를 달 수 없을 만큼 심히
많이 준비하였고 또 재목과 돌을 준비하
였으나 너는 더할 것이며
15 또 장인이 네게 많이 있나니 곧 석수와
목수와 온갖 일에 익숙한 모든 사람이니
라
16 금과 은과 놋과 철이 무수하니 너는 일
어나 일하라 여호와께서 너와 함께 계실
지로다 하니라

10

11

12

13

14

15

16

17 다윗이 또 이스라엘 모든 방백에게 명
령하여 그의 아들 솔로몬을 도우라 하여
이르되

18 너희 하나님 여호와께서 너희와 함께
계시지 아니하시느냐 사면으로 너희에게
평온함을 주지 아니하셨느냐 이 땅 주민
을 내 손에 넘기사 이 땅으로 여호와와 그
의 백성 앞에 복종하게 하셨나니

19 이제 너희는 마음과 뜻을 바쳐서 너희
하나님 여호와를 구하라 그리고 일어나
서 여호와 하나님의 성전을 건축하고 여
호와의 언약궤와 하나님 성전의 기물을
가져다가 여호와의 이름을 위하여 건축
한 성전에 들이게 하라 하였더라

레위 사람의 일

23 다윗이 나이가 많아 늙으매 아들
솔로몬을 이스라엘 왕으로 삼고

2 이스라엘 모든 방백과 제사장과 레위
사람을 모았더라

3 레위 사람은 삼십 세 이상으로 계수하
니 모든 남자의 수가 삼만 팔천 명인데

4 그 중의 이만 사천 명은 여호와의 성전
의 일을 보살피는 자요 육천 명은 관원과
재판관이요

5 사천 명은 문지기요 사천 명은 그가 여
호와께 찬송을 드리기 위하여 만든 악기
로 찬송하는 자들이라

6 다윗이 레위의 아들들을 게르손과 그
핫과 므라리에 따라 각 반으로 나누었더
라

17

18

19

레위 사람의 일

23

2

3

4

5

6

7 게르손 자손은 라단과 시므이라

8 라단의 아들들은 우두머리 여히엘과
또 세담과 요엘 세 사람이요

9 시므이의 아들들은 슬로밋과 하시엘
과 하란 세 사람이니 이는 라단의 우두머
리들이며

10 또 시므이의 아들들은 야핫과 시나와
여우스와 브리아이니 이 네 사람도 시므
이의 아들이라

11 그 우두머리는 야핫이요 그 다음은 시
사며 여우스와 브리아는 아들이 많지 아
니하므로 그들과 한 조상의 가문으로 계
수되었더라

12 그핫의 아들들은 아므람과 이스할과
헤브론과 웃시엘 네 사람이라

13 아므람의 아들들은 아론과 모세이니
아론은 그 자손들과 함께 구별되어 몸을
성결하게 하여 영원토록 심히 거룩한 자
가 되어 여호와 앞에 분향하고 섬기며 영
원토록 그 이름으로 축복하게 되었느니
라

14 하나님의 사람 모세의 아들들은 레위
지파 중에 기록되었으니

15 모세의 아들들은 게르솜과 엘리에셀이라

16 게르솜의 아들중에 스브엘이 우두머
리가 되었고

17 엘리에셀의 아들들은 우두머리 르하
뱌라 엘리에셀에게 이 외에는 다른 아들
이 없고 르하뱌의 아들들은 심히 많았으
며

7

8

9

10

11

12

13

14

15

16

17

18 이스할의 아들들은 우두머리 슬로밋
이요
19 헤브론의 아들들은 우두머리 여리야
와 둘째 아마랴와 셋째 야하시엘과 넷째
여가므암이며
20 웃시엘의 아들들은 우두머리 미가와
그 다음 잇시야더라
21 므라리의 아들들은 마흘리와 무시요
마흘리의 아들들은 엘르아살과 기스라
22 엘르아살이 아들이 없이 죽고 딸만 있
더니 그의 형제 기스의 아들이 그에게 장
가 들었으며
23 무시의 아들들은 마흘리와 에델과 여
레못 세 사람이더라
24 이는 다 레위 자손이니 그 조상의 가문
을 따라 계수된 이름이 기록되고 여호와
의 성전에서 섬기는 일을 하는 이십세 이
상 된 우두머리들이라
25 다윗이 이르기를 이스라엘 하나님 여
호와께서 평강을 그의 백성에게 주시고
예루살렘에 영원히 거하시나니
26 레위 사람이 다시는 성막과 그 가운데
에서 쓰는 모든 기구를 멜 필요가 없다 한
지라
27 다윗의 유언대로 레위 자손이 이십 세
이상으로 계수되었으니
28 그 직분은 아론의 자손을 도와 여호와
의 성전과 뜰과 골방에서 섬기고 또 모든
성물을 정결하게 하는 일 곧 하나님의 성
전에서 섬기는 일과

18 19 20 21 22 23 24 25 26 27 28

29 또 진설병과 고운 가루의 소제물 곧 무
교전병이나 과자를 굽는 것이나 반죽하
는 것이나 또 모든 저울과 자를 맡고
30 아침과 저녁마다 서서 여호와께 감사
하고 찬송하며
31 또 안식일과 초하루와 절기에 모든 번
제를 여호와께 드리되 그가 명령하신 규
례의 정한 수효대로 항상 여호와 앞에 드
리며
32 또 회막의 직무와 성소의 직무와 그들
의 형제 아론 자손의 직무를 지켜 여호와
의 성전에서 수종드는 것이더라

제사장 직분을 맡은 사람들

24 아론 자손의 계열들이 이러하니라
아론의 아들들은 나답과 아비후와
엘르아살과 이다말이라
2 나답과 아비후가 그들의 아버지보다
먼저 죽고 그들에게 아들이 없으므로 엘
르아살과 이다말이 제사장의 직분을 행
하였더라
3 다윗이 엘르아살의 자손 사독과 이다
말의 자손 아히멜렉과 더불어 그들을 나
누어 각각 그 섬기는 직무를 맡겼는데
4 엘르아살의 자손 중에 우두머리가 이
다말의 자손보다 많으므로 나눈 것이 이
러하니 엘르아살 자손의 우두머리가 열
여섯 명이요 이다말 자손은 그 조상들의
가문을 따라 여덟 명이라
5 이에 제비 뽑아 피차에 차등이 없이 나
누었으니 이는 성전의 일을 다스리는 자

29
30
31
32
제사장 직분을 맡은 사람들
24
2
3
4
5

와 하나님의 일을 다스리는 자가 엘르아
살의 자손 중에도 있고 이다말의 자손 중
에도 있음이라
6 레위 사람 느다넬의 아들 서기관 스마
야가 왕과 방백과 제사장 사독과 아비아달
의 아들 아히멜렉과 및 제사장과 레위 사
람의 우두머리 앞에서 그 이름을 기록하여
엘르아살의 자손 중에서 한 집을 뽑고 이
다말의 자손 중에서 한 집을 뽑았으니
7 첫째로 제비 뽑힌 자는 여호야립이요
둘째는 여다야요
8 셋째는 하림이요 넷째는 스오림이요
9 다섯째는 말기야요 여섯째는 미야민
이요
10 일곱째는 학고스요 여덟째는 아비야요
11 아홉째는 예수아요 열째는 스가냐요
12 열한째는 엘리아십이요 열두째는 야
김이요
13 열셋째는 훕바요 열넷째는 예세브압이
요
14 열다섯째는 빌가요 열여섯째는 임멜
이요
15 열일곱째는 헤실이요 열여덟째는 합
비세스요
16 열아홉째는 브다히야요 스무째는 여
헤스겔이요
17 스물한째는 야긴이요 스물두째는 가
물이요
18 스물셋째는 들라야요 스물넷째는 마
아시야라

19 이와 같은 직무에 따라 여호와의 성전
에 들어가서 그의 아버지 아론을 도왔으
니 이는 이스라엘의 하나님 여호와께서
명하신 규례더라

레위 자손 중에 남은 자들

20 레위 자손 중에 남은 자는 이러하니 아
므람의 아들들 중에는 수바엘이요 수바
엘의 아들들 중에는 예드야며
21 르하뱌에게 이르러는 그의 아들들 중
에 우두머리 잇시야요
22 이스할의 아들들 중에는 슬로못이요
슬로못의 아들들 중에는 야핫이요
23 헤브론의 아들들은 장자 여리야와 둘
째 아마랴와 셋째 야하시엘과 넷째 여가
므암이요
24 웃시엘의 아들들은 미가요 미가의 아
들들 중에는 사밀이요
25 미가의 아우는 잇시야라 잇시야의 아
들들 중에는 스가랴이며
26 므라리의 아들들은 마흘리와 무시요
야아시야의 아들들은 브노이니
27 므라리의 자손 야아시야에게서 난 자
는 브노와 소함과 삭굴과 이브리요
28 마흘리의 아들 중에는 엘르아살이니
엘르아살은 아들이 없으며
29 기스에게 이르러는 그의 아들 여라므
엘이요
30 무시의 아들들은 마흘리와 에델과 여
리못이니 이는 다 그 조상의 가문에 따라
기록한 레위 자손이라

19

레위 자손 중에 남은 자들

20

21

22

23

24

25

26

27

28

29

30

31 이 여러 사람도 다윗 왕과 사독과 아히
멜렉과 제사장과 레위 우두머리 앞에서
그들의 형제 아론 자손처럼 제비 뽑혔으
니 장자의 가문과 막내 동생의 가문이 다
름이 없더라

31

찬송을 맡은 사람들

25 다윗이 군대 지휘관들과 더불어
아삽과 헤만과 여두둔의 자손 중
에서 구별하여 섬기게 하되 수금과 비파
와 제금을 잡아 신령한 노래를 하게 하였
으니 그 직무대로 일하는 자의 수효는 이
러하니라

2 아삽의 아들들은 삭굴과 요셉과 느다
냐와 아사렐라니 이 아삽의 아들들이 아
삽의 지휘 아래 왕의 명령을 따라 신령한
노래를 하며

3 여두둔에게 이르러서는 그의 아들들
그달리야와 스리와 여사야와 시므이와
하사뱌와 맛디디야 여섯 사람이니 그의
아버지 여두둔의 지휘 아래 수금을 잡아
신령한 노래를 하며 여호와께 감사하며
찬양하며

4 헤만에게 이르러는 그의 아들들 북기
야와 맛다냐와 웃시엘과 스브엘과 여리
못과 하나냐와 하나니와 엘리아다와 깃
달디와 로맘디에셀과 요스브가사와 말로
디와 호딜과 마하시옷이라

5 이는 다 헤만의 아들들이니 나팔을 부
는 자들이며 헤만은 하나님의 말씀을 가
진 왕의 선견자라 하나님이 헤만에게 열

찬송을 맡은 사람들

25

2

3

4

5

네 아들과 세 딸을 주셨더라
6 이들이 다 그들의 아버지의 지휘 아래
제금과 비파와 수금을 잡아 여호와의 전
에서 노래하여 하나님의 전을 섬겼으며
아삽과 여두둔과 헤만은 왕의 지휘 아래
있었으니
7 그들과 모든 형제 곧 여호와 찬송하기
를 배워 익숙한 자의 수효가 이백팔십팔
명이라
8 이 무리의 큰 자나 작은 자나 스승이나
제자를 막론하고 다같이 제비 뽑아 직임
을 얻었으니
9 첫째로 제비 뽑힌 자는 아삽의 아들 중
요셉이요 둘째는 그달리야이니 그와 그
의 형제들과 아들들 십이 명이요
10 셋째는 삭굴이니 그의 아들들과 형제
들과 십이 명이요
11 넷째는 이스리이니 그의 아들들과 형
제들과 십이 명이요
12 다섯째는 느다냐니 그의 아들들과 형
제들과 십이 명이요
13 여섯째는 북기야니 그의 아들들과 형
제들과 십이 명이요
14 일곱째는 여사렐라니 그의 아들들과
형제들과 십이 명이요
15 여덟째는 여사야니 그의 아들들과 형
제들과 십이 명이요
16 아홉째는 맛다냐니 그의 아들들과 형
제들과 십이 명이요
17 열째는 시므이니 그의 아들들과 형제

들과 십이 명이요
18 열한째는 아사렐이니 그의 아들들과
형제들과 십이 명이요
19 열두째는 하사뱌니 그의 아들들과 형
제들과 십이 명이요
20 열셋째는 수바엘이니 그의 아들들과
형제들과 십이 명이요
21 열넷째는 맛디디야니 그의 아들들과
형제들과 십이 명이요
22 열다섯째는 여레못이니 그의 아들들
과 형제들과 십이 명이요
23 열여섯째는 하나냐니 그의 아들들과
형제들과 십이 명이요
24 열일곱째는 요스브가사니 그의 아들
들과 형제들과 십이 명이요
25 열여덟째는 하나니니 그의 아들들과
형제들과 십이 명이요
26 열아홉째는 말로디니 그의 아들들과
형제들과 십이 명이요
27 스무째는 엘리아다니 그의 아들들과
형제들과 십이 명이요
28 스물한째는 호딜이니 그의 아들들과
형제들과 십이 명이요
29 스물두째는 깃달디니 그의 아들들과
형제들과 십이 명이요
30 스물셋째는 마하시옷이니 그의 아들
들과 형제들과 십이 명이요
31 스물넷째는 로맘디에셀이니 그의 아
들들과 형제들과 십이 명이었더라

18
19
20
21
22
23
24
25
26
27
28
29
30
31

성전 문지기

26 고라 사람들의 문지기 반들은 이
러하니라 아삽의 가문 중 고레의
아들 므셀레먀라
2 므셀레먀의 아들들인 맏아들 스가랴
와 둘째 여디야엘과 셋째 스바댜와 넷째
야드니엘과
3 다섯째 엘람과 여섯째 여호하난과 일
곱째 엘여호에내이며
4 오벧에돔의 아들들은 맏아들 스마야
와 둘째 여호사밧과 셋째 요아와 넷째 사
갈과 다섯째 느다넬과
5 여섯째 암미엘과 일곱째 잇사갈과 여
덟째 브울래대이니 이는 하나님이 오벧
에돔에게 복을 주셨음이라
6 그의 아들 스마야도 두어 아들을 낳았
으니 그들의 조상의 가문을 다스리는 자
요 큰 용사라
7 스마야의 아들들은 오드니와 르바엘
과 오벳과 엘사밧이며 엘사밧의 형제 엘
리후와 스마갸는 능력이 있는 자이니
8 이는 다 오벧에돔의 자손이라 그들과
그의 아들들과 그의 형제들은 다 능력이
있어 그 직무를 잘하는 자이니 오벧에돔
에게서 난 자가 육십이 명이며
9 또 므셀레먀의 아들과 형제 열여덟 명
은 능력이 있는 자라
10 므라리 자손 중 호사에게도 아들들이
있으니 그의 장자는 시므리라 시므리는
본래 맏아들이 아니나 그의 아버지가 장

성전 문지기

26

2

3

4

5

6

7

8

9

10

자로 삼았고
11 둘째는 힐기야요 셋째는 드발리야요
넷째는 스가랴이니 호사의 아들들과 형
제들이 열세 명이더라
12 이상은 다 문지기의 반장으로서 그 형
제처럼 직임을 얻어 여호와의 성전에서
섬기는 자들이라
13 각 문을 지키기 위하여 그의 조상의 가
문을 따라 대소를 막론하고 다 제비 뽑혔
으니
14 셀레먀는 동쪽을 뽑았고 그의 아들 스
가랴는 명철한 모사라 모사를 위하여 제
비 뽑으니 북쪽을 뽑았고
15 오벧에돔은 남쪽을 뽑았고 그의 아들
들은 곳간에 뽑혔으며
16 숩빔과 호사는 서쪽을 뽑아 큰 길로 통
한 살래겟 문 곁에 있어 서로 대하여 파수
하였으니
17 동쪽 문에 레위 사람이 여섯이요 북쪽
문에 매일 네 사람이요 남쪽 문에 매일 네
사람이요 곳간에는 둘씩이며
18 서쪽 뜰에 있는 큰 길에 네 사람 그리
고 뜰에 두 사람이라
19 고라와 므라리 자손의 문지기의 직책
은 이러하였더라

성전 곳간을 맡은 사람들

20 레위 사람 중에 아히야는 하나님의 전
곳간과 성물 곳간을 맡았으며
21 라단의 자손은 곧 라단에게 속한 게르
손 사람의 자손이니 게르손 사람 라단에

11
12
13
14
15
16
17
18
19
성전 곳간을 맡은 사람들
20
21

게 속한 가문의 우두머리는 여히엘리라
22 여히엘리의 아들들은 스담과 그의 아
우 요엘이니 여호와의 성전 곳간을 맡았
고
23 아므람 자손과 이스할 자손과 헤브론
자손과 웃시엘 자손 중에
24 모세의 아들 게르솜의 자손 스브엘은
곳간을 맡았고
25 그의 형제 곧 엘리에셀에게서 난 자는
그의 아들 르하뱌와 그의 아들 여사야와
그의 아들 요람과 그의 아들 시그리와 그
의 아들 슬로못이라
26 이 슬로못과 그의 형제는 성물의 모든
곳간을 맡았으니 곧 다윗 왕과 가문의 우
두머리와 천부장과 백부장과 군대의 모
든 지휘관이 구별하여 드린 성물이라
27 그들이 싸울 때에 노략하여 얻은 물건
중에서 구별하여 드려 여호와의 성전을
개수한 일과
28 선견자 사무엘과 기스의 아들 사울과
넬의 아들 아브넬과 스루야의 아들 요압
이 무엇이든지 구별하여 드린 성물은 다
슬로못과 그의 형제의 지휘를 받았더라

다른 레위 사람들의 직임

29 이스할 자손 중에 그나냐와 그의 아들
들은 성전 밖에서 이스라엘의 일을 다스
리는 관원과 재판관이 되었고
30 헤브론 자손 중에 하사뱌와 그의 동족
용사 천 칠백 명은 요단 서쪽에서 이스라
엘을 주관하여 여호와의 모든 일과 왕을

22

23

24

25

26

27

28

다른 레위 사람들의 직임

29

30

섬기는 직임을 맡았으며

31 헤브론 자손 중에서는 여리야가 그의
족보와 종족대로 헤브론 자손의 우두머
리가 되었더라 다윗이 왕 위에 있은 지 사
십 년에 길르앗 야셀에서 그들 중에 구하
여 큰 용사를 얻었으니

32 그의 형제 중 이천칠백 명이 다 용사요
가문의 우두머리라 다윗 왕이 그들로 르
우벤과 갓과 므낫세 반 지파를 주관하여
하나님의 모든 일과 왕의 일을 다스리게
하였더라

모든 가문의 우두머리와 관원들

27 이스라엘 자손의 모든 가문의 우
두머리와 천부장과 백부장과 왕을
섬기는 관원들이 그들의 숫자대로 반이
나누이니 각 반열이 이만 사천 명씩이라
일 년 동안 달마다 들어가며 나왔으니

2 첫째 달 반의 반장은 삽디엘의 아들 야
소브암이요 그의 반에 이만 사천 명이라

3 그는 베레스의 자손으로서 첫째 달 반
의 모든 지휘관의 우두머리가 되었고

4 둘째 달 반의 반장은 아호아 사람 도대
요 또 미글롯이 그의 반의 주장이 되었으
니 그의 반에 이만 사천 명이요

5 셋째 달 군대의 셋째 지휘관은 대제사
장 여호야다의 아들 브나야요 그의 반에
이만 사천 명이라

6 이 브나야는 삼십 명 중에 용사요 삼십
명 위에 있으며 그의 반 중에 그의 아들
암미사밧이 있으며

31
32
모든 가문의 우두머리와 관원들
27
2
3
4
5
6

7 넷째 달 넷째 지휘관은 요압의 아우 아
사헬이요 그 다음은 그의 아들 스바댜이
니 그의 반에 이만 사천 명이요
8 다섯째 달 다섯째 지휘관은 이스라 사
람 삼훗이니 그의 반에 이만 사천 명이요
9 여섯째 달 여섯째 지휘관은 드고아 사
람 익게스의 아들 이라이니 그의 반에 이
만 사천 명이요
10 일곱째 달 일곱째 지휘관은 에브라임
자손에 속한 발론 사람 헬레스이니 그의
반에 이만 사천 명이요
11 여덟째 달 여덟째 지휘관은 세라 족속
후사 사람 십브개이니 그의 반에 이만 사
천 명이요
12 아홉째 달 아홉째 지휘관은 베냐민 자
손 아나돗 사람 아비에셀이니 그의 반에
이만 사천 명이요
13 열째 달 열째 지휘관은 세라 족속 느도
바 사람 마하래이니 그의 반에 이만 사천
명이요
14 열한째 달 열한째 지휘관은 에브라임
자손에 속한 비라돈 사람 브나야이니 그
의 반에 이만 사천 명이요
15 열두째 달 열두째 지휘관은 옷니엘 자
손에 속한 느도바 사람 헬대니 그 반에 이
만 사천 명이었더라

각 지파를 관할하는 자들

16 이스라엘 지파를 관할하는 자는 이러
하니라 르우벤 사람의 지도자는 시그리
의 아들 엘리에셀이요 시므온 사람의 지

7

8

9

10

11

12

13

14

15

각 지파를 관할하는 자들

16

도자는 마아가의 아들 스바댜요
17 레위 사람의 지도자는 그무엘의 아들
하사뱌요 아론 자손의 지도자는 사독이요
18 유다의 지도자는 다윗의 형 엘리후요
잇사갈의 지도자는 미가엘의 아들 오므
리요
19 스불론의 지도자는 오바댜의 아들 이
스마야요 납달리의 지도자는 아스리엘의
아들 여레못이요
20 에브라임 자손의 지도자는 아사시야
의 아들 호세아요 므낫세 반 지파의 지도
자는 브다야의 아들 요엘이요
21 길르앗에 있는 므낫세 반 지파의 지도
자는 스가랴의 아들 잇도요 베냐민의 지
도자는 아브넬의 아들 야아시엘이요
22 단은 여로함의 아들 아사렐이니 이들
은 이스라엘 지파의 지휘관이었더라
23 이스라엘 사람의 이십 세 이하의 수효
는 다윗이 조사하지 아니하였으니 이는
여호와께서 전에 말씀하시기를 이스라엘
사람을 하늘의 별 같이 많게 하리라 하셨
음이라
24 스루야의 아들 요압이 조사하기를 시
작하고 끝내지도 못해서 그 일로 말미암
아 진노가 이스라엘에게 임한지라 그 수
효를 다윗 왕의 역대지략에 기록하지 아
니하였더라

왕의 재산을 맡은 자들

25 아디엘의 아들 아스마웻은 왕의 곳간
을 맡았고 웃시야의 아들 요나단은 밭과

17

18

19

20

21

22

23

24

왕의 재산을 맡은 자들

25

성읍과 마을과 망대의 곳간을 맡았고
26 글룹의 아들 에스리는 밭 가는 농민을
거느렸고
27 라마 사람 시므이는 포도원을 맡았고
스밤 사람 삽디는 포도원의 소산 포도주
곳간을 맡았고
28 게델 사람 바알하난은 평야의 감람나
무와 뽕나무를 맡았고 요아스는 기름 곳
간을 맡았고
29 사론 사람 시드래는 사론에서 먹이는
소 떼를 맡았고 아들래의 아들 사밧은 골
짜기에 있는 소 떼를 맡았고
30 이스마엘 사람 오빌은 낙타를 맡았고
메로놋 사람 예드야는 나귀를 맡았고 하
갈 사람 야시스는 양 떼를 맡았으니
31 다윗 왕의 재산을 맡은 자들이 이러하
였더라

다윗을 섬기는 사람들

32 다윗의 숙부 요나단은 지혜가 있어서
모사가 되며 서기관도 되었고 학모니의
아들 여히엘은 왕자들의 수종자가 되었고
33 아히도벨은 왕의 모사가 되었고 아렉
사람 후새는 왕의 벗이 되었고
34 브나야의 아들 여호야다와 아비아달
은 아히도벨의 뒤를 이었고 요압은 왕의
군대 지휘관이 되었더라

다윗이 성전 건축을 지시하다

28 다윗이 이스라엘 모든 고관들 곧
각 지파의 어른과 왕을 섬기는 반
장들과 천부장들과 백부장들과 및 왕과

26

27

28

29

30

31

다윗을 섬기는 사람들

32

33

34

다윗이 성전 건축을 지시하다

28

왕자의 모든 소유와 가축의 감독과 내시
와 장사와 모든 용사를 예루살렘으로 소
집하고

2 이에 다윗 왕이 일어서서 이르되 나의
형제들, 나의 백성들아 내 말을 들으라 나
는 여호와의 언약궤 곧 우리 하나님의 발
판을 봉안할 성전을 건축할 마음이 있어
서 건축할 재료를 준비하였으나

3 하나님이 내게 이르시되 너는 전쟁을
많이 한 사람이라 피를 많이 흘렸으니 내
이름을 위하여 성전을 건축하지 못하리
라 하셨느니라

4 그러나 이스라엘 하나님 여호와께서
전에 나를 내 부친의 온 집에서 택하여 영
원히 이스라엘 왕이 되게 하셨나니 곧 하
나님이 유다 지파를 택하사 머리를 삼으
시고 유다의 가문에서 내 부친의 집을 택
하시고 내 부친의 아들들 중에서 나를 기
뻐하사 온 이스라엘의 왕을 삼으셨느니
라

5 여호와께서 내게 여러 아들을 주시고
그 모든 아들 중에서 내 아들 솔로몬을 택
하사 여호와의 나라 왕위에 앉혀 이스라
엘을 다스리게 하려 하실새

6 내게 이르시기를 네 아들 솔로몬 그가
내 성전을 건축하고 내 여러 뜰을 만들리
니 이는 내가 그를 택하여 내 아들로 삼고
나는 그의 아버지가 될 것임이라

7 그가 만일 나의 계명과 법도를 힘써 준
행하기를 오늘과 같이 하면 내가 그의 나

라를 영원히 견고하게 하리라 하셨느니라

8 이제 너희는 온 이스라엘 곧 여호와의
회중이 보는 데에서와 우리 하나님이 들으
시는 데에서 너희 하나님 여호와의 모든
계명을 구하여 지키기로 하라 그리하면 너
희가 이 아름다운 땅을 누리고 너희 후손
에게 끼쳐 영원한 기업이 되게 하리라

9 내 아들 솔로몬아 너는 네 아버지의 하
나님을 알고 온전한 마음과 기쁜 뜻으로
섬길지어다 여호와께서는 모든 마음을
감찰하사 모든 의도를 아시나니 네가 만
일 그를 찾으면 만날 것이요 만일 네가 그
를 버리면 그가 너를 영원히 버리시리라

10 그런즉 이제 너는 삼갈지어다 여호와
께서 너를 택하여 성전의 건물을 건축하
게 하셨으니 힘써 행할지니라 하니라

11 다윗이 성전의 복도와 그 집들과 그 곳
간과 다락과 골방과 속죄소의 설계도를
그의 아들 솔로몬에게 주고

12 또 그가 영감으로 받은 모든 것 곧 여
호와의 성전의 뜰과 사면의 모든 방과 하
나님의 성전 곳간과 성물 곳간의 설계도
를 주고

13 또 제사장과 레위 사람의 반열과 여호
와의 성전에서 섬기는 모든 일과 여호와
의 성전을 섬기는 데에 쓰는 모든 그릇의
양식을 설명하고

14 또 모든 섬기는 데에 쓰는 금 기구를
만들 금의 무게와 모든 섬기는 데에 쓰는
은 기구를 만들 은의 무게를 정하고

8

9

10

11

12

13

14

15 또 금 등잔대들과 그 등잔 곧 각 등잔
대와 그 등잔을 만들 금의 무게와 은 등잔
대와 그 등잔을 만들 은의 무게를 각기 그
기구에 알맞게 하고

16 또 진설병의 각 상을 만들 금의 무게를
정하고 은상을 만들 은도 그렇게 하고

17 갈고리와 대접과 종지를 만들 순금과
금 잔 곧 각 잔을 만들 금의 무게와 또 은
잔 곧 각 잔을 만들 은의 무게를 정하고

18 또 향단에 쓸 순금과 또 수레 곧 금 그
룹들의 설계도대로 만들 금의 무게를 정
해 주니 이 그룹들은 날개를 펴서 여호와
의 언약궤를 덮는 것이더라

19 다윗이 이르되 여호와의 손이 내게 임
하여 이 모든 일의 설계를 그려 나에게 알
려 주셨느니라

20 또 그의 아들 솔로몬에게 이르되 너는
강하고 담대하게 이 일을 행하라 두려워
하지 말며 놀라지 말라 네가 여호와의 성
전 공사의 모든 일을 마치기까지 여호와
하나님 나의 하나님이 너와 함께 계시사
네게서 떠나지 아니하시고 너를 버리지
아니하시리라

21 제사장과 레위 사람의 반이 있으니 하
나님의 성전의 모든 공사를 도울 것이요
또 모든 공사에 유능한 기술자가 기쁜 마
음으로 너와 함께 할 것이요 또 모든 지휘
관과 백성이 온전히 네 명령 아래에 있으
리라

성전 건축에 쓸 예물

29 다윗 왕이 온 회중에게 이르되 내
아들 솔로몬이 유일하게 하나님께
서 택하신 바 되었으나 아직 어리고 미숙
하며 이 공사는 크도다 이 성전은 사람을
위한 것이 아니요 여호와 하나님을 위한
것이라
2 내가 이미 내 하나님의 성전을 위하여
힘을 다하여 준비하였나니 곧 기구를 만
들 금과 은과 놋과 철과 나무와 또 마노와
가공할 검은 보석과 채석과 다른 모든 보
석과 옥돌이 매우 많으며
3 성전을 위하여 준비한 이 모든 것 외에
도 내 마음이 내 하나님의 성전을 사모하
므로 내가 사유한 금, 은으로 내 하나님의
성전을 위하여 드렸노니
4 곧 오빌의 금 삼천 달란트와 순은 칠천
달란트라 모든 성전 벽에 입히며
5 금, 은 그릇을 만들며 장인의 손으로
하는 모든 일에 쓰게 하였노니 오늘 누가
즐거이 손에 채워 여호와께 드리겠느냐
하는지라
6 이에 모든 가문의 지도자들과 이스라
엘 모든 지파의 지도자들과 천부장과 백
부장과 왕의 사무관이 다 즐거이 드리되
7 하나님의 성전 공사를 위하여 금 오천
달란트와 금 만 다릭 은 만 달란트와 놋 만
팔천 달란트와 철 십만 달란트를 드리고
8 보석을 가진 모든 사람은 게르손 사람
여히엘의 손에 맡겨 여호와의 성전 곳간

성전 건축에 쓸 예물

29

2

3

4

5

6

7

8

에 드렸더라

9 백성들은 자원하여 드렸으므로 기뻐
하였으니 곧 그들이 성심으로 여호와께
자원하여 드렸으므로 다윗 왕도 심히 기
뻐하니라

다윗의 감사 기도

10 다윗이 온 회중 앞에서 여호와를 송축
하여 이르되 우리 조상 이스라엘의 하나
님 여호와여 주는 영원부터 영원까지 송
축을 받으시옵소서

11 여호와여 위대하심과 권능과 영광과
승리와 위엄이 다 주께 속하였사오니 천
지에 있는 것이 다 주의 것이로소이다 여
호와여 주권도 주께 속하였사오니 주는
높으사 만물의 머리이심이니이다

12 부와 귀가 주께로 말미암고 또 주는 만
물의 주재가 되사 손에 권세와 능력이 있
사오니 모든 사람을 크게 하심과 강하게
하심이 주의 손에 있나이다

13 우리 하나님이여 이제 우리가 주께 감
사하오며 주의 영화로운 이름을 찬양하
나이다

14 나와 내 백성이 무엇이기에 이처럼 즐
거운 마음으로 드릴 힘이 있었나이까 모
든 것이 주께로 말미암았사오니 우리가
주의 손에서 받은 것으로 주께 드렸을 뿐
이니이다

15 우리는 우리 조상들과 같이 주님 앞에
서 이방 나그네와 거류민들이라 세상에 있
는 날이 그림자 같아서 희망이 없나이다

9

다윗의 감사 기도

10

11

12

13

14

15

16 우리 하나님 여호와여 우리가 주의 거
룩한 이름을 위하여 성전을 건축하려고
미리 저축한 이 모든 물건이 다 주의 손에
서 왔사오니 다 주의 것이니이다

17 나의 하나님이여 주께서 마음을 감찰
하시고 정직을 기뻐하시는 줄을 내가 아
나이다 내가 정직한 마음으로 이 모든 것
을 즐거이 드렸사오며 이제 내가 또 여기
있는 주의 백성이 주께 자원하여 드리는
것을 보오니 심히 기쁘도소이다

18 우리 조상들 아브라함과 이삭과 이스
라엘의 하나님 여호와여 주께서 이것을
주의 백성의 심중에 영원히 두어 생각하
게 하시고 그 마음을 준비하여 주께로 돌
아오게 하시오며

19 또 내 아들 솔로몬에게 정성된 마음을
주사 주의 계명과 권면과 율례를 지켜 이
모든 일을 행하게 하시고 내가 위하여 준
비한 것으로 성전을 건축하게 하옵소서
하였더라

20 다윗이 온 회중에게 이르되 너희는 너
희 하나님 여호와를 송축하라 하매 회중
이 그의 조상들의 하나님 여호와를 송축
하고 머리를 숙여 여호와와 왕에게 절하
고

21 이튿날 여호와께 제사를 드리고 또 여
호와께 번제를 드리니 수송아지가 천 마
리요 숫양이 천 마리요 어린 양이 천 마리
요 또 그 전제라 온 이스라엘을 위하여 풍
성한 제물을 드리고

16

17

18

19

20

21

22 이 날에 무리가 크게 기뻐하여 여호와
앞에서 먹으며 마셨더라 무리가 다윗의
아들 솔로몬을 다시 왕으로 삼아 기름을
부어 여호와께 돌려 주권자가 되게 하고
사독에게도 기름을 부어 제사장이 되게
하니라

23 솔로몬이 여호와께서 주신 왕위에 앉
아 아버지 다윗을 이어 왕이 되어 형통하
니 온 이스라엘이 그의 명령에 순종하며

24 모든 방백과 용사와 다윗 왕의 여러 아
들들이 솔로몬 왕에게 복종하니

25 여호와께서 솔로몬을 모든 이스라엘
의 목전에서 심히 크게 하시고 또 왕의 위
엄을 그에게 주사 그전 이스라엘 모든 왕
보다 뛰어나게 하셨더라

다윗의 행적

26 이새의 아들 다윗이 온 이스라엘의 왕
이 되어

27 이스라엘을 다스린 기간은 사십 년이
라 헤브론에서 칠 년간 다스렸고 예루살
렘에서 삼십삼 년을 다스렸더라

28 그가 나이 많아 늙도록 부하고 존귀를
누리다가 죽으매 그의 아들 솔로몬이 대
신하여 왕이 되니라

29 다윗 왕의 행적은 처음부터 끝까지 선
견자 사무엘의 글과 선지자 나단의 글과
선견자 갓의 글에 다 기록되고

30 또 그의 왕 된 일과 그의 권세와 그와
이스라엘과 온 세상 모든 나라의 지난 날
의 역사가 다 기록되어 있느니라

22
23
24
25
다윗의 행적
26
27
28
29
30

손글씨 성경

역대하 2 Chronicles

솔로몬 왕이 지혜를 구하다(왕상 3:1-15)

1 다윗의 아들 솔로몬의 왕위가 견고하
여 가며 그의 하나님 여호와께서 그와
함께 하사 심히 창대하게 하시니라

2 솔로몬이 온 이스라엘의 천부장들과
백부장들과 재판관들과 온 이스라엘의
방백들과 족장들에게 명령하여

3 솔로몬이 온 회중과 함께 기브온 산당
으로 갔으니 하나님의 회막 곧 여호와의
종 모세가 광야에서 지은 것이 거기에 있
음이라

4 다윗이 전에 예루살렘에서 하나님의
궤를 위하여 장막을 쳐 두었으므로 그 궤
는 다윗이 이미 기럇여아림에서부터 그
것을 위하여 준비한 곳으로 메어 올렸고

5 옛적에 훌의 손자 우리의 아들 브살렐
이 지은 놋 제단은 여호와의 장막 앞에 있
더라 솔로몬이 회중과 더불어 나아가서

6 여호와 앞 곧 회막 앞에 있는 놋 제단
에 솔로몬이 이르러 그 위에 천 마리 희생
으로 번제를 드렸더라

7 그 날 밤에 하나님이 솔로몬에게 나타
나 그에게 이르시되 내가 네게 무엇을 주
랴 너는 구하라 하시니

8 솔로몬이 하나님께 말하되 주께서 전
에 큰 은혜를 내 아버지 다윗에게 베푸시
고 내가 그를 대신하여 왕이 되게 하셨사

솔로몬 왕이 지혜를 구하다(왕상 3:1-15)

1

2

3

4

5

6

7

8

오니
9 여호와 하나님이여 원하건대 주는 내
아버지 다윗에게 허락하신 것을 이제 굳
게 하옵소서 주께서 나를 땅의 티끌 같이
많은 백성의 왕으로 삼으셨사오니
10 주는 이제 내게 지혜와 지식을 주사 이
백성 앞에서 출입하게 하옵소서 이렇게
많은 주의 백성을 누가 능히 재판하리이
까 하니
11 하나님이 솔로몬에게 이르시되 이런
마음이 네게 있어서 부나 재물이나 영광
이나 원수의 생명 멸하기를 구하지 아니
하며 장수도 구하지 아니하고 오직 내가
네게 다스리게 한 내 백성을 재판하기 위
하여 지혜와 지식을 구하였으니
12 그러므로 내가 네게 지혜와 지식을 주
고 부와 재물과 영광도 주리니 네 전의 왕
들도 이런 일이 없었거니와 네 후에도 이
런 일이 없으리라 하시니라
13 이에 솔로몬이 기브온 산당 회막 앞에
서부터 예루살렘으로 돌아와서 이스라엘
을 다스렸더라

솔로몬의 부귀영화(왕상 10:26-29)

14 솔로몬이 병거와 마병을 모으매 병거가
천사백 대요 마병이 만 이천 명이라 병거
성에도 두고 예루살렘 왕에게도 두었으며
15 왕이 예루살렘에서 은금을 돌 같이 흔
하게 하고 백향목을 평지의 뽕나무 같이
많게 하였더라
16 솔로몬의 말들은 애굽과 구에에서 사

9
10
11
12
13
솔로몬의 부귀영화(왕상 10:26-29)
14
15
16

들였으니 왕의 무역상들이 떼로 값을 정
하여 산 것이며
17 애굽에서 사들인 병거는 한 대에 은 육
백 세겔이요 말은 백오십 세겔이라 이와
같이 헷 사람들의 모든 왕들과 아람 왕들
을 위하여 그들의 손으로 되팔기도 하였
더라

17

성전 건축을 준비하다(왕상 5:1-18)

성전 건축을 준비하다(왕상 5:1-18)

2 솔로몬이 여호와의 이름을 위하여 성
전을 건축하고 자기 왕위를 위하여
궁궐 건축하기를 결심하니라
2 솔로몬이 이에 짐꾼 칠만 명과 산에서
돌을 떠낼 자 팔만 명과 일을 감독할 자
삼천 육백 명을 뽑고
3 솔로몬이 사절을 두로 왕 후람에게 보
내어 이르되 당신이 전에 내 아버지 다윗
에게 백향목을 보내어 그가 거주하실 궁
궐을 건축하게 한 것 같이 내게도 그리 하
소서
4 이제 내가 나의 하나님 여호와의 이름
을 위하여 성전을 건축하여 구별하여 드
리고 주 앞에서 향 재료를 사르며 항상 떡
을 차려 놓으며 안식일과 초하루와 우리
하나님 여호와의 절기에 아침 저녁으로
번제를 드리려 하오니 이는 이스라엘의
영원한 규례니이다
5 내가 건축하고자 하는 성전은 크니 우
리 하나님은 모든 신들보다 크심이라
6 누가 능히 하나님을 위하여 성전을 건
축하리요 하늘과 하늘들의 하늘이라도 주

2

2

3

4

5

6

를 용납하지 못하겠거든 내가 누구이기에
어찌 능히 그를 위하여 성전을 건축하리
요 그 앞에 분향하려 할 따름이니이다

7 이제 청하건대 당신은 금, 은, 동, 철로
제조하며 자색 홍색 청색 실로 직조하며
또 아로새길 줄 아는 재주 있는 사람 하나
를 내게 보내어 내 아버지 다윗이 유다와
예루살렘에서 준비한 나의 재주 있는 사
람들과 함께 일하게 하고

8 또 레바논에서 백향목과 잣나무와 백
단목을 내게로 보내소서 내가 알거니와
당신의 종은 레바논에서 벌목을 잘 하나
니 내 종들이 당신의 종들을 도울지라

9 이와 같이 나를 위하여 재목을 많이 준
비하게 하소서 내가 건축하려 하는 성전
은 크고 화려할 것이니이다

10 내가 당신의 벌목하는 종들에게 찧은
밀 이만 고르와 보리 이만 고르와 포도주
이만 밧과 기름 이만 밧을 주리이다 하였
더라

11 두로 왕 후람이 솔로몬에게 답장하여
이르되 여호와께서 자기 백성을 사랑하시
므로 당신을 세워 그들의 왕을 삼으셨도다

12 후람이 또 이르되 천지를 지으신 이스
라엘의 하나님 여호와는 송축을 받으실
지로다 다윗 왕에게 지혜로운 아들을 주
시고 명철과 총명을 주시사 능히 여호와
를 위하여 성전을 건축하고 자기 왕위를
위하여 궁궐을 건축하게 하시도다

13 내가 이제 재주 있고 총명한 사람을 보

7

8

9

10

11

12

13

내오니 전에 내 아버지 후람에게 속하였
던 자라

14 이 사람은 단의 여자들 중 한 여인의
아들이요 그의 아버지는 두로 사람이라
능히 금, 은, 동, 철과 돌과 나무와 자색 청
색 홍색 실과 가는 베로 일을 잘하며 또
모든 아로새기는 일에 익숙하고 모든 기
묘한 양식에 능한 자이니 그에게 당신의
재주 있는 사람들과 당신의 아버지 내 주
다윗의 재주 있는 사람들과 함께 일하게
하소서

15 내 주께서 말씀하신 밀과 보리와 기름
과 포도주는 주의 종들에게 보내소서

16 우리가 레바논에서 당신이 쓰실 만큼
벌목하여 떼를 엮어 바다에 띄워 욥바로
보내리니 당신은 재목들을 예루살렘으로
올리소서 하였더라

성전 건축 시작(왕상 6:1-38)

17 전에 솔로몬의 아버지 다윗이 이스라
엘 땅에 사는 이방 사람들을 조사하였더
니 이제 솔로몬이 다시 조사하매 모두 십
오만 삼천 육백 명이라

18 그 중에서 칠만 명은 짐꾼이 되게 하였
고 팔만 명은 산에서 벌목하게 하였고 삼
천 육백 명은 감독으로 삼아 백성들에게
일을 시키게 하였더라

3 솔로몬이 예루살렘 모리아 산에 여호
와의 전 건축하기를 시작하니 그 곳은
전에 여호와께서 그의 아버지 다윗에게
나타나신 곳이요 여부스 사람 오르난의

14

15

16

성전 건축 시작(왕상 6:1-38)

17

18

3

타작 마당에 다윗이 정한 곳이라
2 솔로몬이 왕위에 오른 지 넷째 해 둘째
달 둘째 날 건축을 시작하였더라
3 솔로몬이 하나님의 전을 위하여 놓은
지대는 이러하니 옛날에 쓰던 자로 길이
가 육십 규빗이요 너비가 이십 규빗이며
4 그 성전 앞에 있는 낭실의 길이가 성전
의 너비와 같이 이십 규빗이요 높이가 백
이십 규빗이니 안에는 순금으로 입혔으며
5 그 대전 천장은 잣나무로 만들고 또 순
금으로 입히고 그 위에 종려나무와 사슬
형상을 새겼고
6 또 보석으로 성전을 꾸며 화려하게 하
였으니 그 금은 바르와임 금이며
7 또 금으로 성전과 그 들보와 문지방과
벽과 문짝에 입히고 벽에 그룹들을 아로
새겼더라
8 또 지성소를 지었으니 성전 넓이대로
길이가 이십 규빗이요 너비도 이십 규빗
이라 순금 육백 달란트로 입혔으니
9 못 무게가 금 오십 세겔이요 다락들도
금으로 입혔더라
10 지성소 안에 두 그룹의 형상을 새겨 만
들어 금으로 입혔으니
11 두 그룹의 날개 길이가 모두 이십 규빗
이라 왼쪽 그룹의 한 날개는 다섯 규빗이
니 성전 벽에 닿았고 그 다른 날개도 다섯
규빗이니 오른쪽 그룹의 날개에 닿았으
며
12 오른쪽 그룹의 한 날개도 다섯 규빗이

2

3

4

5

6

7

8

9

10

11

12

니 성전 벽에 닿았고 그 다른 날개도 다섯
규빗이니 왼쪽 그룹의 날개에 닿았으며
13 이 두 그룹이 편 날개가 모두 이십 규빗
이라 그 얼굴을 내전으로 향하여 서 있으며
14 청색 자색 홍색 실과 고운 베로 휘장문
을 짓고 그 위에 그룹의 형상을 수놓았더라

두 기둥(왕상 7:15-22)

15 성전 앞에 기둥 둘을 만들었으니 높이
가 삼십오 규빗이요 각 기둥 꼭대기의 머
리가 다섯 규빗이라
16 성소 같이 사슬을 만들어 그 기둥 머리
에 두르고 석류 백 개를 만들어 사슬에 달
았으며
17 그 두 기둥을 성전 앞에 세웠으니 왼쪽
에 하나요 오른쪽에 하나라 오른쪽 것은
야긴이라 부르고 왼쪽 것은 보아스라 불
렀더라

성전 안에 있는 물건들(왕상 7:23-51)

4 솔로몬이 또 놋으로 제단을 만들었으
니 길이가 이십 규빗이요 너비가 이
십 규빗이요 높이가 십 규빗이며
2 또 놋을 부어 바다를 만들었으니 지름
이 십 규빗이요 그 모양이 둥글며 그 높이
는 다섯 규빗이요 주위는 삼십 규빗 길이
의 줄을 두를 만하며
3 그 가장자리 아래에는 돌아가며 소 형
상이 있는데 각 규빗에 소가 열 마리씩 있
어서 바다 주위에 둘렸으니 그 소는 바다를
부어 만들 때에 두 줄로 부어 만들었으며
4 그 바다를 놋쇠 황소 열두 마리가 받쳤

13
14
두 기둥(왕상 7:15-22)
15
16
17
성전 안에 있는 물건들(왕상 7:23-51)
4
2
3
4

으니 세 마리는 북쪽을 향하였고 세 마리
는 서쪽을 향하였고 세 마리는 남쪽을 향
하였고 세 마리는 동쪽을 향하였으며 바
다를 그 위에 놓았고 소의 엉덩이는 다 안
으로 향하였으며

5 바다의 두께는 한 손 너비만 하고 그
둘레는 잔 둘레와 같이 백합화의 모양으
로 만들었으니 그 바다에는 삼천 밧을 담
겠으며

6 또 물두멍 열 개를 만들어 다섯 개는
오른쪽에 두고 다섯 개는 왼쪽에 두어 씻
게 하되 번제에 속한 물건을 거기서 씻게
하였으며 그 바다는 제사장들이 씻기 위
한 것이더라

7 또 규례대로 금으로 등잔대 열 개를 만
들어 내전 안에 두었으니 왼쪽에 다섯 개
요 오른쪽에 다섯 개이며

8 또 상 열 개를 만들어 내전 안에 두었
으니 왼쪽에 다섯 개요 오른쪽에 다섯 개
이며 또 금으로 대접 백 개를 만들었고

9 또 제사장의 뜰과 큰 뜰과 뜰 문을 만
들고 그 문짝에 놋을 입혔고

10 그 바다는 성전 오른쪽 동남방에 두었
더라

11 후람이 또 솥과 부삽과 대접을 만들었
더라 이와 같이 후람이 솔로몬 왕을 위하
여 하나님의 성전에서 할 일을 마쳤으니

12 곧 기둥 둘과 그 기둥 꼭대기의 공 같
은 머리 둘과 또 기둥 꼭대기의 공 같은
기둥 머리를 가리는 그물 둘과

5

6

7

8

9

10

11

12

13 또 그 그물들을 위하여 만든 각 그물에
두 줄씩으로 기둥 위의 공 같은 두 머리를
가리는 석류 사백 개와

14 또 받침과 받침 위의 물두멍과

15 한 바다와 그 바다 아래에 소 열두 마
리와

16 솥과 부삽과 고기 갈고리와 여호와의
전의 모든 그릇들이라 후람의 아버지가
솔로몬 왕을 위하여 빛나는 놋으로 만들
때에

17 왕이 요단 평지에서 숙곳과 스레다 사
이의 진흙에 그것들을 부어 내었더라

18 이와 같이 솔로몬이 이 모든 기구를 매
우 많이 만들었으므로 그 놋 무게를 능히
측량할 수 없었더라

19 솔로몬이 또 하나님의 전의 모든 기구
를 만들었으니 곧 금 제단과 진설병 상들
과

20 지성소 앞에서 규례대로 불을 켤 순금
등잔대와 그 등잔이며

21 또 순수한 금으로 만든 꽃과 등잔과 부
젓가락이며

22 또 순금으로 만든 불집게와 주발과 숟가
락과 불 옮기는 그릇이며 또 성전 문 곧 지
성소의 문과 내전의 문을 금으로 입혔더라

5 솔로몬이 여호와의 전을 위하여 만드
는 모든 일을 마친지라 이에 솔로몬이
그의 아버지 다윗이 드린 은과 금과 모든
기구를 가져다가 하나님의 전 곳간에 두
었더라

13

14

15

16

17

18

19

20

21

22

5

언약궤를 성전으로 옮기다(왕상 8:1-9)

2 이에 솔로몬이 여호와의 언약궤를 다
윗 성 곧 시온에서부터 메어 올리고자 하
여 이스라엘 장로들과 모든 지파의 우두
머리 곧 이스라엘 자손의 족장들을 다 예
루살렘으로 소집하니

3 일곱째 달 절기에 이스라엘 모든 사람
이 다 왕에게로 모이고

4 이스라엘 장로들이 이르매 레위 사람
들이 궤를 메니라

5 궤와 회막과 장막 안에 모든 거룩한 기
구를 메고 올라가되 레위인 제사장들이
그것들을 메고 올라가매

6 솔로몬 왕과 그 앞에 모인 모든 이스라
엘 회중이 궤 앞에서 양과 소로 제사를 드
렸으니 그 수가 많아 기록할 수도 없고 셀
수도 없었더라

7 제사장들이 여호와의 언약궤를 그 처
소로 메어 들였으니 곧 본전 지성소 그룹
들의 날개 아래라

8 그룹들이 궤 처소 위에서 날개를 펴서
궤와 그 채를 덮었는데

9 그 채가 길어서 궤에서 나오므로 그 끝
이 본전 앞에서 보이나 밖에서는 보이지 아
니하며 그 궤가 오늘까지 그 곳에 있으며

10 궤 안에는 두 돌판 외에 아무것도 없으
니 이것은 이스라엘 자손이 애굽에서 나
온 후 여호와께서 그들과 언약을 세우실
때에 모세가 호렙에서 그 안에 넣은 것이
더라

언약궤를 성전으로 옮기다(왕상 8:1-9)

2

3

4

5

6

7

8

9

10

여호와의 영광

11 이 때에는 제사장들이 그 반열대로 하
지 아니하고 스스로 정결하게 하고 성소
에 있다가 나오매

12 노래하는 레위 사람 아삽과 헤만과 여
두둔과 그의 아들들과 형제들이 다 세마
포를 입고 제단 동쪽에 서서 제금과 비파
와 수금을 잡고 또 나팔 부는 제사장 백이
십 명이 함께 서 있다가

13 나팔 부는 자와 노래하는 자들이 일제
히 소리를 내어 여호와를 찬송하며 감사
하는데 나팔 불고 제금 치고 모든 악기를
울리며 소리를 높여 여호와를 찬송하여
이르되 선하시도다 그의 자비하심이 영
원히 있도다 하매 그 때에 여호와의 전에
구름이 가득한지라

14 제사장들이 그 구름으로 말미암아 능
히 서서 섬기지 못하였으니 이는 여호와
의 영광이 하나님의 전에 가득함이었더
라

솔로몬의 축복(왕상 8:12-21)

6 그 때에 솔로몬이 이르되 여호와께서
캄캄한 데 계시겠다 말씀하셨사오나

2 내가 주를 위하여 거하실 성전을 건축
하였사오니 주께서 영원히 계실 처소로
소이다 하고

3 얼굴을 돌려 이스라엘 온 회중을 위하
여 축복하니 그 때에 이스라엘의 온 회중
이 서 있더라

4 왕이 이르되 이스라엘 하나님 여호와

여호와의 영광
11
12
13
14
솔로몬의 축복(왕상 8:12-21)
6
2
3
4

를 송축할지로다 여호와께서 그의 입으
로 내 아버지 다윗에게 말씀하신 것을 이
제 그의 손으로 이루셨도다 이르시기를

5 내가 내 백성을 애굽 땅에서 인도하여
낸 날부터 내 이름을 둘 만한 집을 건축하
기 위하여 이스라엘 모든 지파 가운데서
아무 성읍도 택하지 아니하였으며 내 백
성 이스라엘의 주권자가 될 사람을 아무
도 택하지 아니하였더니

6 예루살렘을 택하여 내 이름을 거기 두
고 또 다윗을 택하여 내 백성 이스라엘을
다스리게 하였노라 하신지라

7 내 아버지 다윗이 이스라엘의 하나님
여호와의 이름을 위하여 성전을 건축할
마음이 있었더니

8 여호와께서 내 아버지 다윗에게 이르
시되 네가 내 이름을 위하여 성전을 건축
할 마음이 있으니 이 마음이 네게 있는 것
이 좋도다

9 그러나 너는 그 성전을 건축하지 못할
것이요 네 허리에서 나올 네 아들 그가 내
이름을 위하여 성전을 건축하리라 하시
더니

10 이제 여호와께서 말씀하신 대로 이루
셨도다 내가 여호와께서 말씀하신 대로
내 아버지 다윗을 대신하여 일어나 이스
라엘 왕위에 앉고 이스라엘의 하나님 여
호와의 이름을 위하여 성전을 건축하고

11 내가 또 그 곳에 여호와께서 이스라엘
자손과 더불어 세우신 언약을 넣은 궤를

5

6

7

8

9

10

11

두었노라 하니라

솔로몬의 기도(왕상 8:22-53)

12 솔로몬이 여호와의 제단 앞에서 이스
라엘의 모든 회중과 마주 서서 그의 손을
펴니라

13 솔로몬이 일찍이 놋으로 대를 만들었
으니 길이가 다섯 규빗이요 너비가 다섯
규빗이요 높이가 세 규빗이라 뜰 가운데
에 두었더니 그가 그 위에 서서 이스라엘
의 모든 회중 앞에서 무릎을 꿇고 하늘을
향하여 손을 펴고

14 이르되 이스라엘의 하나님 여호와여
천지에 주와 같은 신이 없나이다 주께서
는 온 마음으로 주의 앞에서 행하는 주의
종들에게 언약을 지키시고 은혜를 베푸
시나이다

15 주께서 주의 종 내 아버지 다윗에게 허
락하신 말씀을 지키시되 주의 입으로 말
씀하신 것을 손으로 이루심이 오늘과 같
으니이다

16 이스라엘의 하나님 여호와여 주께서
주의 종 내 아버지 다윗에게 말씀하시기
를 네 자손이 그들의 행위를 삼가서 네가
내 앞에서 행한 것 같이 내 율법대로 행하
기만 하면 네게로부터 나서 이스라엘 왕
위에 앉을 사람이 내 앞에서 끊어지지 아
니하리라 하셨사오니 이제 다윗을 위하
여 그 허락하신 말씀을 지키시옵소서

17 그런즉 이스라엘 하나님 여호와여 원
하건대 주는 주의 종 다윗에게 하신 말씀

솔로몬의 기도(왕상 8:22-53)

12

13

14

15

16

17

이 확실하게 하옵소서

18 하나님이 참으로 사람과 함께 땅에 계
시리이까 보소서 하늘과 하늘들의 하늘
이라도 주를 용납하지 못하겠거든 하물
며 내가 건축한 이 성전이오리이까

19 그러나 나의 하나님 여호와여 주의 종
의 기도와 간구를 돌아보시며 주의 종이
주 앞에서 부르짖는 것과 비는 기도를 들
으시옵소서

20 주께서 전에 말씀하시기를 내 이름을
거기에 두리라 하신 곳 이 성전을 향하여
주의 눈이 주야로 보시오며 종이 이 곳을
향하여 비는 기도를 들으시옵소서

21 주의 종과 주의 백성 이스라엘이 이 곳
을 향하여 기도할 때에 주는 그 간구함을
들으시되 주께서 계신 곳 하늘에서 들으
시고 들으시사 사하여 주옵소서

22 만일 어떤 사람이 그의 이웃에게 범죄
하므로 맹세시킴을 받고 그가 와서 이 성
전에 있는 주의 제단 앞에서 맹세하거든

23 주는 하늘에서 들으시고 행하시되 주
의 종들을 심판하사 악한 자의 죄를 정하
여 그의 행위대로 그의 머리에 돌리시고
공의로운 자를 의롭다 하사 그 의로운 대
로 갚으시옵소서

24 만일 주의 백성 이스라엘이 주께 범죄
하여 적국 앞에 패하게 되므로 주의 이름
을 인정하고 주께로 돌아와서 이 성전에
서 주께 빌며 간구하거든

25 주는 하늘에서 들으시고 주의 백성 이

스라엘의 죄를 사하시고 그들과 그들의 조
상들에게 주신 땅으로 돌아오게 하옵소서

26 만일 그들이 주께 범죄함으로 말미암
아 하늘이 닫히고 비가 내리지 않는 주의
벌을 받을 때에 이 곳을 향하여 빌며 주의
이름을 인정하고 그들의 죄에서 떠나거
든

27 주께서는 하늘에서 들으사 주의 종들
과 주의 백성 이스라엘의 죄를 사하시고
그 마땅히 행할 선한 길을 가르쳐 주시오
며 주의 백성에게 기업으로 주신 주의 땅
에 비를 내리시옵소서

28 만일 이 땅에 기근이나 전염병이 있거
나 곡식이 시들거나 깜부기가 나거나 메
뚜기나 황충이 나거나 적국이 와서 성읍
들을 에워싸거나 무슨 재앙이나 무슨 질
병이 있거나를 막론하고

29 한 사람이나 혹 주의 온 백성 이스라엘
이 다 각각 자기의 마음에 재앙과 고통을
깨닫고 이 성전을 향하여 손을 펴고 무슨
기도나 무슨 간구를 하거든

30 주는 계신 곳 하늘에서 들으시며 사유
하시되 각 사람의 마음을 아시오니 그의
모든 행위대로 갚으시옵소서 주만 홀로
사람의 마음을 아심이니이다

31 그리하시면 그들이 주께서 우리 조상
들에게 주신 땅에서 사는 동안에 항상 주
를 경외하며 주의 길로 걸어가리이다

32 주의 백성 이스라엘에 속하지 않은 이
방인에게 대하여도 그들이 주의 큰 이름

26

27

28

29

30

31

32

과 능한 손과 펴신 팔을 위하여 먼 지방에
서 와서 이 성전을 향하여 기도하거든

33 주는 계신 곳 하늘에서 들으시고 모든
이방인이 주께 부르짖는 대로 이루사 땅
의 만민이 주의 이름을 알고 주의 백성 이
스라엘처럼 경외하게 하시오며 또 내가
건축한 이 성전을 주의 이름으로 일컫는
줄을 알게 하옵소서

34 주의 백성이 그 적국과 더불어 싸우고
자 하여 주께서 보내신 길로 나갈 때에 그
들이 주께서 택하신 이 성과 내가 주의 이
름을 위하여 건축한 성전 있는 쪽을 향하
여 주께 기도하거든

35 주는 하늘에서 그들의 기도와 간구를
들으시고 그들의 일을 돌보시옵소서

36 주께 범죄하지 아니하는 사람이 없사
오니 그들이 주께 범죄하므로 주께서 그
들에게 진노하사 그들을 적국에게 넘기
시매 적국이 그들을 사로잡아 땅의 원근
을 막론하고 끌고 간 후에

37 그들이 사로잡혀 간 땅에서 스스로 깨
닫고 그들을 사로잡은 자들의 땅에서 돌
이켜 주께 간구하기를 우리가 범죄하여
패역을 행하며 악을 행하였나이다 하며

38 자기들을 사로잡아 간 적국의 땅에서
온 마음과 온 뜻으로 주께 돌아와서 주
께서 그들의 조상들에게 주신 땅과 주께
서 택하신 성과 내가 주의 이름을 위하
여 건축한 성전 있는 쪽을 향하여 기도
하거든

39 주는 계신 곳 하늘에서 그들의 기도와
간구를 들으시고 그들의 일을 돌보시오며
주께 범죄한 주의 백성을 용서하옵소서

40 나의 하나님이여 이제 이 곳에서 하는
기도에 눈을 드시고 귀를 기울이소서

41 여호와 하나님이여 일어나 들어가사
주의 능력의 궤와 함께 주의 평안한 처소
에 계시옵소서 여호와 하나님이여 원하
옵건대 주의 제사장들에게 구원을 입게
하시고 또 주의 성도들에게 은혜를 기뻐
하게 하옵소서

42 여호와 하나님이여 주의 기름 부음 받
은 자에게서 얼굴을 돌리지 마시옵고 주
의 종 다윗에게 베푸신 은총을 기억하옵
소서 하였더라

성전 낙성식(왕상 8:62-66)

7 솔로몬이 기도를 마치매 불이 하늘에
서부터 내려와서 그 번제물과 제물들
을 사르고 여호와의 영광이 그 성전에 가
득하니

2 여호와의 영광이 여호와의 전에 가득
하므로 제사장들이 여호와의 전으로 능
히 들어가지 못하였고

3 이스라엘 모든 자손은 불이 내리는 것
과 여호와의 영광이 성전 위에 있는 것을
보고 돌을 깐 땅에 엎드려 경배하며 여호
와께 감사하여 이르되 선하시도다 그의
인자하심이 영원하도다 하니라

4 이에 왕과 모든 백성이 여호와 앞에 제
사를 드리니

39

40

41

42

성전 낙성식(왕상 8:62-66)

7

2

3

4

5 솔로몬 왕이 드린 제물이 소가 이만 이
천 마리요 양이 십이만 마리라 이와 같이
왕과 모든 백성이 하나님의 전의 낙성식
을 행하니라

6 그 때에 제사장들은 직분대로 모셔 서
고 레위 사람도 여호와의 악기를 가지고
섰으니 이 악기는 전에 다윗 왕이 레위 사
람들에게 여호와께 감사하게 하려고 만
들어서 여호와의 인자하심이 영원함을
찬송하게 하던 것이라 제사장들은 무리
앞에서 나팔을 불고 온 이스라엘은 서 있
더라

7 솔로몬이 또 여호와의 전 앞뜰 가운데
를 거룩하게 하고 거기서 번제물과 화목
제의 기름을 드렸으니 이는 솔로몬이 지
은 놋 제단이 능히 그 번제물과 소제물과
기름을 용납할 수 없음이더라

8 그 때에 솔로몬이 칠 일 동안 절기를
지켰는데 하맛 어귀에서부터 애굽 강까
지의 온 이스라엘의 심히 큰 회중이 모여
그와 함께 하였더니

9 여덟째 날에 무리가 한 성회를 여니라
제단의 낙성식을 칠 일 동안 행한 후 이
절기를 칠 일 동안 지키니라

10 일곱째 달 제이십삼일에 왕이 백성을
그들의 장막으로 돌려보내매 백성이 여
호와께서 다윗과 솔로몬과 그의 백성 이
스라엘에게 베푸신 은혜로 말미암아 기
뻐하며 마음에 즐거워하였더라

여호와께서 다시 솔로몬에게 나타나시다(왕상 9:1-9)

5

6

7

8

9

10

여호와께서 다시 솔로몬에게 나타나시다(왕상 9:1-9)

11 솔로몬이 여호와의 전과 왕궁 건축을
마치고 솔로몬의 심중에 여호와의 전과
자기의 궁궐에 그가 이루고자 한 것을 다
형통하게 이루니라

12 밤에 여호와께서 솔로몬에게 나타나
사 그에게 이르시되 내가 이미 네 기도를
듣고 이 곳을 택하여 내게 제사하는 성전
을 삼았으니

13 혹 내가 하늘을 닫고 비를 내리지 아니
하거나 혹 메뚜기들에게 토산을 먹게 하
거나 혹 전염병이 내 백성 가운데에 유행
하게 할 때에

14 내 이름으로 일컫는 내 백성이 그들의
악한 길에서 떠나 스스로 낮추고 기도하
여 내 얼굴을 찾으면 내가 하늘에서 듣고
그들의 죄를 사하고 그들의 땅을 고칠지
라

15 이제 이 곳에서 하는 기도에 내가 눈을
들고 귀를 기울이리니

16 이는 내가 이미 이 성전을 택하고 거룩
하게 하여 내 이름을 여기에 영원히 있게
하였음이라 내 눈과 내 마음이 항상 여기
에 있으리라

17 네가 만일 내 앞에서 행하기를 네 아버
지 다윗이 행한 것과 같이 하여 내가 네게
명령한 모든 것을 행하여 내 율례와 법규
를 지키면

18 내가 네 나라 왕위를 견고하게 하되 전
에 내가 네 아버지 다윗과 언약하기를 이
스라엘을 다스릴 자가 네게서 끊어지지

11
12
13
14
15
16
17
18

아니하리라 한 대로 하리라

19 그러나 너희가 만일 돌아서서 내가 너
희 앞에 둔 내 율례와 명령을 버리고 가서
다른 신들을 섬겨 그들을 경배하면

20 내가 너희에게 준 땅에서 그 뿌리를 뽑
아내고 내 이름을 위하여 거룩하게 한 이
성전을 내 앞에서 버려 모든 민족 중에 속
담거리와 이야깃거리가 되게 하리니

21 이 성전이 비록 높을지라도 그리로 지
나가는 자마다 놀라 이르되 여호와께서
무슨 까닭으로 이 땅과 이 성전에 이같이
행하셨는고 하면

22 대답하기를 그들이 자기 조상들을 애
굽 땅에서 인도하여 내신 자기 하나님 여
호와를 버리고 다른 신들에게 붙잡혀서
그것들을 경배하여 섬기므로 여호와께서
이 모든 재앙을 그들에게 내리셨다 하리
라 하셨더라

솔로몬의 업적(왕상 9:10-28)

8 솔로몬이 여호와의 전과 자기의 궁궐
을 이십 년 동안에 건축하기를 마치고

2 후람이 솔로몬에게 되돌려 준 성읍들
을 솔로몬이 건축하여 이스라엘 자손에
게 거기에 거주하게 하니라

3 솔로몬이 가서 하맛소바를 쳐서 점령
하고

4 또 광야에서 다드몰을 건축하고 하맛
에서 모든 국고성들을 건축하고

5 또 윗 벧호론과 아랫 벧호론을 건축하
되 성벽과 문과 문빗장이 있게 하여 견고

19

20

21

22

솔로몬의 업적(왕상 9:10-28)

8

2

3

4

5

한 성읍으로 만들고

6 또 바알랏과 자기에게 있는 모든 국고
성들과 모든 병거성들과 마병의 성들을
건축하고 솔로몬이 또 예루살렘과 레바
논과 그가 다스리는 온 땅에 건축하고자
하던 것을 다 건축하니라

7 이스라엘이 아닌 헷 족속과 아모리 족
속과 브리스 족속과 히위 족속과 여부스
족속의 남아 있는 모든 자

8 곧 이스라엘 자손이 다 멸하지 않았으므
로 그 땅에 남아 있는 그들의 자손들을 솔
로몬이 역군으로 삼아 오늘에 이르렀으되

9 오직 이스라엘 자손은 솔로몬이 노예
로 삼아 일을 시키지 아니하였으니 그들
은 군사와 지휘관의 우두머리들과 그의
병거와 마병의 지휘관들이 됨이라

10 솔로몬 왕의 공장을 감독하는 자들이
이백오십 명이라 그들이 백성을 다스렸
더라

11 솔로몬이 바로의 딸을 데리고 다윗 성
에서부터 그를 위하여 건축한 왕궁에 이르
러 이르되 내 아내가 이스라엘 왕 다윗의
왕궁에 살지 못하리니 이는 여호와의 궤가
이른 곳은 다 거룩함이니라 하였더라

12 솔로몬이 낭실 앞에 쌓은 여호와의 제
단 위에 여호와께 번제를 드리되

13 모세의 명령을 따라 매일의 일과대로
안식일과 초하루와 정한 절기 곧 일년의
세 절기 무교절과 칠칠절과 초막절에 드
렸더라

6

7

8

9

10

11

12

13

14 솔로몬이 또 그의 아버지 다윗의 규례
를 따라 제사장들의 반열을 정하여 섬기
게 하고 레위 사람들에게도 그 직분을 맡
겨 매일의 일과대로 찬송하며 제사장들
앞에서 수종들게 하며 또 문지기들에게
그 반열을 따라 각 문을 지키게 하였으니
이는 하나님의 사람 다윗이 전에 이렇게
명령하였음이라

15 제사장들과 레위 사람들이 국고 일에
든지 무슨 일에든지 왕이 명령한 바를 전
혀 어기지 아니하였더라

16 솔로몬이 여호와의 전의 기초를 쌓던
날부터 준공하기까지 모든 것을 완비하였
으므로 여호와의 전 공사가 결점 없이 끝
나니라

17 그 때에 솔로몬이 에돔 땅의 바닷가 에
시온게벨과 엘롯에 이르렀더니

18 후람이 그의 신복들에게 부탁하여 배
와 바닷길을 아는 종들을 보내매 그들이
솔로몬의 종들과 함께 오빌에 이르러 거
기서 금 사백오십 달란트를 얻어 솔로몬
왕에게로 가져왔더라

스바 여왕이 솔로몬을 찾아오다(왕상 10:1-13)

9 스바 여왕이 솔로몬의 명성을 듣고 와
서 어려운 질문으로 솔로몬을 시험하
고자 하여 예루살렘에 이르니 매우 많은
시종들을 거느리고 향품과 많은 금과 보
석을 낙타에 실었더라 그가 솔로몬에게
나아와 자기 마음에 있는 것을 다 말하매

2 솔로몬이 그가 묻는 말에 다 대답하였

14

15

16

17

18

스바 여왕이 솔로몬을 찾아오다(왕상 10:1-13)

9

2

으니 솔로몬이 몰라서 대답하지 못한 것
이 없었더라
3 스바 여왕이 솔로몬의 지혜와 그가 건
축한 궁과
4 그의 상의 음식물과 그의 신하들의 좌
석과 그의 신하들이 도열한 것과 그들의
공복과 술 관원들과 그들의 공복과 여호
와의 전에 올라가는 층계를 보고 정신이
황홀하여
5 왕께 말하되 내가 내 나라에서 당신의
행위와 당신의 지혜에 대하여 들은 소문
이 진실하도다
6 내가 그 말들을 믿지 아니하였더니 이
제 와서 본즉 당신의 지혜가 크다 한 말이
그 절반도 못 되니 당신은 내가 들은 소문
보다 더하도다
7 복되도다 당신의 사람들이여, 복되도
다 당신의 이 신하들이여, 항상 당신 앞에
서서 당신의 지혜를 들음이로다
8 당신의 하나님 여호와를 송축할지로
다 하나님이 당신을 기뻐하시고 그 자리
에 올리사 당신의 하나님 여호와를 위하
여 왕이 되게 하셨도다 당신의 하나님이
이스라엘을 사랑하사 영원히 견고하게
하시려고 당신을 세워 그들의 왕으로 삼
아 정의와 공의를 행하게 하셨도다 하고
9 이에 그가 금 백이십 달란트와 매우 많
은 향품과 보석을 왕께 드렸으니 스바 여
왕이 솔로몬 왕께 드린 향품 같은 것이 전
에는 없었더라

3
4
5
6
7
8
9

10 (후람의 신하들과 솔로몬의 신하들도
오빌에서 금을 실어 올 때에 백단목과 보
석을 가져온지라

11 왕이 백단목으로 여호와의 전과 왕궁
의 층대를 만들고 또 노래하는 자들을 위
하여 수금과 비파를 만들었으니 이같은
것들은 유다 땅에서 전에는 보지 못하였
더라)

12 솔로몬 왕이 스바 여왕이 가져온 대로
답례하고 그 외에 또 그의 소원대로 구하
는 것을 모두 주니 이에 그가 그의 신하들
과 더불어 본국으로 돌아갔더라

솔로몬의 재산과 지혜(왕상 10:14-25)

13 솔로몬의 세입금의 무게가 금 육백육
십육 달란트요

14 그 외에 또 무역상과 객상들이 가져온
것이 있고 아라비아 왕들과 그 나라 방백
들도 금과 은을 솔로몬에게 가져온지라

15 솔로몬 왕이 쳐서 늘인 금으로 큰 방패
이백 개를 만들었으니 방패 하나에 든 금
이 육백 세겔이며

16 또 쳐서 늘인 금으로 작은 방패 삼백
개를 만들었으니 방패 하나에 든 금이 삼
백 세겔이라 왕이 이것들을 레바논 나무
궁에 두었더라

17 왕이 또 상아로 큰 보좌를 만들고 순금
으로 입혔으니

18 그 보좌에는 여섯 층계와 금 발판이 있
어 보좌와 이어졌고 앉는 자리 양쪽에는
팔걸이가 있고 팔걸이 곁에는 사자가 하

10

11

12

솔로몬의 재산과 지혜(왕상 10:14-25)

13

14

15

16

17

18

나씩 섰으며
19 또 열두 사자가 있어 그 여섯 층계 양
쪽에 섰으니 어떤 나라에도 이같이 만든
것이 없었더라
20 솔로몬 왕이 마시는 그릇은 다 금이요
레바논 나무 궁의 그릇들도 다 순금이라
솔로몬의 시대에 은을 귀하게 여기지 아
니함은
21 왕의 배들이 후람의 종들과 함께 다시
스로 다니며 그 배들이 삼 년에 일 차씩
다시스의 금과 은과 상아와 원숭이와 공
작을 실어옴이더라
22 솔로몬 왕의 재산과 지혜가 천하의 모
든 왕들보다 큰지라
23 천하의 열왕이 하나님께서 솔로몬의
마음에 주신 지혜를 들으며 그의 얼굴을
보기 원하여
24 각기 예물을 가지고 왔으니 곧 은 그릇
과 금 그릇과 의복과 갑옷과 향품과 말과
노새라 해마다 정한 수가 있었더라
25 솔로몬의 병거 메는 말의 외양간은 사
천이요 마병은 만 이천 명이라 병거성에
도 두고 예루살렘 왕에게도 두었으며
26 솔로몬이 유브라데 강에서부터 블레
셋 땅과 애굽 지경까지의 모든 왕을 다스
렸으며
27 왕이 예루살렘에서 은을 돌 같이 흔하
게 하고 백향목을 평지의 뽕나무 같이 많
게 하였더라
28 솔로몬을 위하여 애굽과 각국에서 말

19

20

21

22

23

24

25

26

27

28

들을 가져왔더라

솔로몬이 죽다(왕상 11:41-43)

29 이 외에 솔로몬의 시종 행적은 선지자
나단의 글과 실로 사람 아히야의 예언과
선견자 잇도의 묵시 책 곧 잇도가 느밧의
아들 여로보암에 대하여 쓴 책에 기록되
지 아니하였느냐
30 솔로몬이 예루살렘에서 온 이스라엘
을 다스린 지 사십 년이라
31 솔로몬이 그의 조상들과 함께 자매 그
의 아버지 다윗의 성에 장사되고 그의 아
들 르호보암이 대신하여 왕이 되니라

북쪽 지파들의 배반(왕상 12:1-20)

10 르호보암이 세겜으로 갔으니 이는
온 이스라엘이 그를 왕으로 삼고
자 하여 세겜에 이르렀음이더라
2 느밧의 아들 여로보암이 전에 솔로몬
왕의 낯을 피하여 애굽으로 도망하여 있
었더니 이 일을 듣고 여로보암이 애굽에
서부터 돌아오매
3 무리가 사람을 보내어 그를 불렀더라
여로보암과 온 이스라엘이 와서 르호보
암에게 말하여 이르되
4 왕의 아버지께서 우리의 멍에를 무겁
게 하였으나 왕은 이제 왕의 아버지께서
우리에게 시킨 고역과 메운 무거운 멍에
를 가볍게 하소서 그리하시면 우리가 왕
을 섬기겠나이다
5 르호보암이 그들에게 대답하되 삼 일
후에 다시 내게로 오라 하매 백성이 가니

솔로몬이 죽다(왕상 11:41-43)
29
30
31
북쪽 지파들의 배반(왕상 12:1-20)
10
2
3
4
5

라

6 르호보암 왕이 그의 아버지 솔로몬의
생전에 그 앞에 모셨던 원로들과 의논하
여 이르되 너희는 이 백성에게 어떻게 대
답하도록 권고하겠느냐 하니

7 그들이 대답하여 이르되 왕이 만일 이
백성을 후대하여 기쁘게 하고 선한 말을
하시면 그들이 영원히 왕의 종이 되리이
다 하나

8 왕은 원로들이 가르치는 것을 버리고
그 앞에 모시고 있는 자기와 함께 자라난
젊은 신하들과 의논하여

9 이르되 너희는 이 백성에게 어떻게 대
답하도록 권고하겠느냐 백성이 내게 말
하기를 왕의 아버지께서 우리에게 메운
멍에를 가볍게 하라 하였느니라 하니

10 함께 자라난 젊은 신하들이 왕께 말하
여 이르되 이 백성들이 왕께 아뢰기를 왕
의 아버지께서 우리의 멍에를 무겁게 하
였으나 왕은 우리를 위하여 가볍게 하라
하였은즉 왕은 대답하시기를 내 새끼 손
가락이 내 아버지의 허리보다 굵으니

11 내 아버지가 너희에게 무거운 멍에를
메게 하였으나 이제 나는 너희의 멍에를
더욱 무겁게 할지라 내 아버지는 가죽 채
찍으로 너희를 치셨으나 나는 전갈 채찍
으로 하리라 하소서 하더라

12 삼 일 만에 여로보암과 모든 백성이 르
호보암에게 나왔으니 이는 왕이 명령하
여 이르기를 삼 일 만에 내게로 다시 오라

6

7

8

9

10

11

12

하였음이라

13 왕이 포학한 말로 대답할새 르호보암
이 원로들의 가르침을 버리고

14 젊은 신하들의 가르침을 따라 그들에
게 말하여 이르되 내 아버지는 너희의 멍
에를 무겁게 하였으나 나는 더 무겁게 할
지라 내 아버지는 가죽 채찍으로 너희를
치셨으나 나는 전갈 채찍으로 치리라 하
니라

15 왕이 이같이 백성의 말을 듣지 아니하
였으니 이 일은 하나님께로 말미암아 난
것이라 여호와께서 전에 실로 사람 아히
야로 하여금 느밧의 아들 여로보암에게
이르신 말씀을 응하게 하심이더라

16 온 이스라엘은 왕이 자기들의 말을 듣
지 아니함을 보고 왕에게 대답하여 이르
되 우리가 다윗과 무슨 관계가 있느냐 이
새의 아들에게서 받을 유산이 없도다 이
스라엘아 각각 너희의 장막으로 돌아가
라 다윗이여 이제 너는 네 집이나 돌보라
하고 온 이스라엘이 그들의 장막으로 돌
아가니라

17 그러나 유다 성읍들에 사는 이스라엘
자손들에게는 르호보암이 그들의 왕이
되었더라

18 르호보암 왕이 역군의 감독 하도람을
보냈더니 이스라엘 자손이 저를 돌로 쳐
죽인지라 르호보암 왕이 급히 수레에 올
라 예루살렘으로 도망하였더라

19 이에 이스라엘이 다윗의 집을 배반하

13
14
15
16
17
18
19

여 오늘날까지 이르니라

스마야가 여호와의 말씀을 전하다(왕상 12:21-24)

11 르호보암이 예루살렘에 이르러 유
다와 베냐민 족속을 모으니 택한 용
사가 십팔만 명이라 이스라엘과 싸워 나
라를 회복하여 르호보암에게 돌리려 하
더니
2 여호와의 말씀이 하나님의 사람 스마
야에게 임하여 이르시되
3 솔로몬의 아들 유다 왕 르호보암과 유
다와 베냐민에 속한 모든 이스라엘 무리
에게 말하여 이르기를
4 여호와께서 이같이 말씀하시기를 너
희는 올라가지 말라 너희 형제와 싸우지
말고 각기 집으로 돌아가라 이 일이 내게
로 말미암아 난 것이라 하셨다 하라 하신
지라 그들이 여호와의 말씀을 듣고 돌아
가고 여로보암을 치러 가던 길에서 되돌
아왔더라

르호보암이 방비하는 성읍들을 건축하다

5 르호보암이 예루살렘에 살면서 유다
땅에 방비하는 성읍들을 건축하였으니
6 곧 베들레헴과 에담과 드고아와
7 벧술과 소고와 아둘람과
8 가드와 마레사와 십과
9 아도라임과 라기스와 아세가와
10 소라와 아얄론과 헤브론이니 다 유다
와 베냐민 땅에 있어 견고한 성읍들이라
11 르호보암이 그 방비하는 성읍들을 더
욱 견고하게 하고 지휘관들을 그 가운데

스마야가 여호와의 말씀을 전하다(왕상 12:21-24)

11

2

3

4

르호보암이 방비하는 성읍들을 건축하다

5

6

7

8

9

10

11

에 두고 양식과 기름과 포도주를 저축하
고
12 모든 성읍에 방패와 창을 두어 매우 강
하게 하니라 유다와 베냐민이 르호보암
에게 속하였더라

제사장들과 레위 사람들이 유다로 오다

13 온 이스라엘의 제사장들과 레위 사람
들이 그들의 모든 지방에서부터 르호보
암에게 돌아오되
14 레위 사람들이 자기들의 마을들과 산
업을 떠나 유다와 예루살렘에 이르렀으
니 이는 여로보암과 그의 아들들이 그들
을 해임하여 여호와께 제사장의 직분을
행하지 못하게 하고
15 여로보암이 여러 산당과 숫염소 우상
과 자기가 만든 송아지 우상을 위하여 친
히 제사장들을 세움이라
16 이스라엘 모든 지파 중에 마음을 굳게
하여 이스라엘의 하나님 여호와를 찾는
자들이 레위 사람들을 따라 예루살렘에
이르러 그들의 조상들의 하나님 여호와
께 제사하고자 한지라
17 그러므로 삼 년 동안 유다 나라를 도와
솔로몬의 아들 르호보암을 강성하게 하
였으니 이는 무리가 삼 년 동안을 다윗과
솔로몬의 길로 행하였음이더라

르호보암의 가족

18 르호보암이 다윗의 아들 여리못의 딸
마할랏을 아내로 삼았으니 마할랏은 이새
의 아들 엘리압의 딸 아비하일의 소생이라

12

제사장들과 레위 사람들이 유다로 오다

13

14

15

16

17

르호보암의 가족

18

19 그가 아들들 곧 여우스와 스마랴와 사
함을 낳았으며

20 그 후에 압살롬의 딸 마아가에게 장가
들었더니 그가 아비야와 앗대와 시사와
슬로밋을 낳았더라

21 르호보암은 아내 열여덟 명과 첩 예순
명을 거느려 아들 스물여덟 명과 딸 예순
명을 낳았으나 압살롬의 딸 마아가를 모
든 처첩보다 더 사랑하여

22 르호보암은 마아가의 아들 아비야를
후계자로 세웠으니 이는 그의 형제들 가
운데 지도자로 삼아 왕으로 세우고자 함
이었더라

23 르호보암이 지혜롭게 행하여 그의 모
든 아들을 유다와 베냐민의 온 땅 모든 견
고한 성읍에 흩어 살게 하고 양식을 후히
주고 아내를 많이 구하여 주었더라

애굽이 유다를 치다(왕상 14:25-28)

12 르호보암의 나라가 견고하고 세력
이 강해지매 그가 여호와의 율법을
버리니 온 이스라엘이 본받은지라

2 그들이 여호와께 범죄하였으므로 르
호보암 왕 제오년에 애굽 왕 시삭이 예루
살렘을 치러 올라오니

3 그에게 병거가 천이백 대요 마병이 육
만 명이며 애굽에서 그와 함께 온 백성 곧
리비아와 숙과 구스 사람이 헤아릴 수 없
이 많더라

4 시삭이 유다의 견고한 성읍들을 빼앗
고 예루살렘에 이르니

19

20

21

22

23

애굽이 유다를 치다(왕상 14:25-28)

12

2

3

4

5 그 때에 유다 방백들이 시삭의 일로 예
루살렘에 모였는지라 선지자 스마야가
르호보암과 방백들에게 나아와 이르되
여호와께서 이같이 말씀하시기를 너희가
나를 버렸으므로 나도 너희를 버려 시삭
의 손에 넘겼노라 하셨다 한지라

6 이에 이스라엘 방백들과 왕이 스스로
겸비하여 이르되 여호와는 의로우시다
하매

7 여호와께서 그들이 스스로 겸비함을
보신지라 여호와의 말씀이 스마야에게
임하여 이르시되 그들이 스스로 겸비하
였으니 내가 멸하지 아니하고 저희를 조
금 구원하여 나의 노를 시삭의 손을 통하
여 예루살렘에 쏟지 아니하리라

8 그러나 그들이 시삭의 종이 되어 나를
섬기는 것과 세상 나라들을 섬기는 것이
어떠한지 알게 되리라 하셨더라

9 애굽 왕 시삭이 올라와서 예루살렘을
치고 여호와의 전 보물과 왕궁의 보물을
모두 빼앗고 솔로몬이 만든 금 방패도 빼
앗은지라

10 르호보암 왕이 그 대신에 놋으로 방패
를 만들어 궁문을 지키는 경호 책임자들
의 손에 맡기매

11 왕이 여호와의 전에 들어갈 때마다 경
호하는 자가 그 방패를 들고 갔다가 경호
실로 도로 가져갔더라

12 르호보암이 스스로 겸비하였고 유다
에 선한 일도 있으므로 여호와께서 노를

5

6

7

8

9

10

11

12

돌이키사 다 멸하지 아니하셨더라

르호보암이 죽다

13 르호보암 왕은 예루살렘에서 스스로
세력을 굳게 하여 다스리니라 르호보암
이 왕위에 오를 때에 나이가 사십일 세라
예루살렘 곧 여호와께서 이스라엘의 모
든 지파 중에서 택하여 그의 이름을 두신
성에서 십칠 년 동안 다스리니라 르호보
암의 어머니의 이름은 나아마요 암몬 여
인이더라

14 르호보암이 악을 행하였으니 이는 그
가 여호와를 구하는 마음을 굳게 하지 아
니함이었더라

15 르호보암의 처음부터 끝까지의 행적
은 선지자 스마야와 선견자 잇도의 족보
책에 기록되지 아니하였느냐 르호보암과
여로보암 사이에 항상 전쟁이 있으니라

16 르호보암이 그의 조상들과 함께 누우
매 다윗 성에 장사되고 그의 아들 아비야
가 그를 대신하여 왕이 되니라

아비야와 여로보암의 전쟁(왕상 15:1-8)

13 여로보암 왕 열여덟째 해에 아비야
가 유다의 왕이 되고

2 예루살렘에서 삼 년 동안 다스리니라
그의 어머니의 이름은 미가야요 기브아
사람 우리엘의 딸이더라 아비야가 여로
보암과 더불어 싸울새

3 아비야는 싸움에 용감한 군사 사십만
명을 택하여 싸움을 준비하였고 여로보
암은 큰 용사 팔십만 명을 택하여 그와 대

르호보암이 죽다

13

14

15

16

아비야와 여로보암의 전쟁(왕상 15:1-8)

13

2

3

진한지라

4 아비야가 에브라임 산 중 스마라임 산
위에 서서 이르되 여로보암과 이스라엘
무리들아 다 들으라

5 이스라엘 하나님 여호와께서 소금 언
약으로 이스라엘 나라를 영원히 다윗과
그의 자손에게 주신 것을 너희가 알 것 아
니냐

6 다윗의 아들 솔로몬의 신하 느밧의 아
들 여로보암이 일어나 자기의 주를 배반
하고

7 난봉꾼과 잡배가 모여 따르므로 스스
로 강하게 되어 솔로몬의 아들 르호보암
을 대적하였으나 그 때에 르호보암이 어
리고 마음이 연약하여 그들의 입을 능히
막지 못하였었느니라

8 이제 너희가 또 다윗 자손의 손으로 다
스리는 여호와의 나라를 대적하려 하는
도다 너희는 큰 무리요 또 여로보암이 너
희를 위하여 신으로 만든 금송아지들이
너희와 함께 있도다

9 너희가 아론 자손인 여호와의 제사장
들과 레위 사람들을 쫓아내고 이방 백성
들의 풍속을 따라 제사장을 삼지 아니하
였느냐 누구를 막론하고 어린 수송아지
한 마리와 숫양 일곱 마리를 끌고 와서 장
립을 받고자 하는 자마다 허무한 신들의
제사장이 될 수 있도다

10 우리에게는 여호와께서 우리 하나님
이 되시니 우리가 그를 배반하지 아니하

4

5

6

7

8

9

10

였고 여호와를 섬기는 제사장들이 있으
니 아론의 자손이요 또 레위 사람들이 수
종 들어

11 매일 아침 저녁으로 여호와 앞에 번제
를 드리며 분향하며 또 깨끗한 상에 진설
병을 놓고 또 금 등잔대가 있어 그 등에
저녁마다 불을 켜나니 우리는 우리 하나
님 여호와의 계명을 지키나 너희는 그를
배반하였느니라

12 하나님이 우리와 함께 하사 우리의 머
리가 되시고 그의 제사장들도 우리와 함
께 하여 전쟁의 나팔을 불어 너희를 공격
하느니라 이스라엘 자손들아 너희 조상
들의 하나님 여호와와 싸우지 말라 너희
가 형통하지 못하리라

13 여로보암이 유다의 뒤를 둘러 복병하
였으므로 그 앞에는 이스라엘 사람들이
있고 그 뒤에는 복병이 있는지라

14 유다 사람이 뒤를 돌아보고 자기 앞 뒤
의 적병으로 말미암아 여호와께 부르짖고
제사장들은 나팔을 부니라

15 유다 사람이 소리 지르매 유다 사람이
소리 지를 때에 하나님이 여로보암과 온
이스라엘을 아비야와 유다 앞에서 치시니

16 이스라엘 자손이 유다 앞에서 도망하
는지라 하나님이 그들의 손에 넘기셨으
므로

17 아비야와 그의 백성이 크게 무찌르니
이스라엘이 택한 병사들이 죽임을 당하
고 엎드러진 자들이 오십만 명이었더라

18 그 때에 이스라엘 자손이 항복하고 유
다 자손이 이겼으니 이는 그들이 그들의
조상들의 하나님 여호와를 의지하였음이
라

19 아비야가 여로보암을 쫓아가서 그의
성읍들을 빼앗았으니 곧 벧엘과 그 동네
들과 여사나와 그 동네들과 에브론과 그
동네들이라

20 아비야 때에 여로보암이 다시 강성하
지 못하고 여호와의 치심을 입어 죽었고

21 아비야는 점점 강성하며 아내 열넷을
거느려 아들 스물둘과 딸 열여섯을 낳았더
라

22 아비야의 남은 사적과 그의 행위와 그
의 말은 선지자 잇도의 주석 책에 기록되
니라

아사가 유다 왕이 되다

14 아비야가 그의 조상들과 함께 누우
매 다윗 성에 장사되고 그의 아들
아사가 대신하여 왕이 되니 그의 시대에
그의 땅이 십 년 동안 평안하니라

2 아사가 그의 하나님 여호와 보시기에
선과 정의를 행하여

3 이방 제단과 산당을 없애고 주상을 깨
뜨리며 아세라 상을 찍고

4 유다 사람에게 명하여 그 조상들의 하
나님 여호와를 찾게 하며 그의 율법과 명
령을 행하게 하고

5 또 유다 모든 성읍에서 산당과 태양상
을 없애매 나라가 그 앞에서 평안함을 누

18

19

20

21

22

아사가 유다 왕이 되다

14

2

3

4

5

리니라

6 여호와께서 아사에게 평안을 주셨으
므로 그 땅이 평안하여 여러 해 싸움이 없
은지라 그가 견고한 성읍들을 유다에 건
축하니라

7 아사가 일찍이 유다 사람에게 이르되
우리가 우리 하나님 여호와를 찾았으므
로 이 땅이 아직 우리 앞에 있나니 우리가
이 성읍들을 건축하고 그 주위에 성곽과
망대와 문과 빗장을 만들자 우리가 주를
찾았으므로 주께서 우리 사방에 평안을
주셨느니라 하고 이에 그들이 성읍을 형
통하게 건축하였더라

8 아사의 군대는 유다 중에서 큰 방패와
창을 잡는 자가 삼십만 명이요 베냐민 중
에서 작은 방패를 잡으며 활을 당기는 자
가 이십팔만 명이라 그들은 다 큰 용사였
더라

9 구스 사람 세라가 그들을 치려 하여 군
사 백만 명과 병거 삼백 대를 거느리고 마
레사에 이르매

10 아사가 마주 나가서 마레사의 스바다
골짜기에 전열을 갖추고

11 아사가 그의 하나님 여호와께 부르짖
어 이르되 여호와여 힘이 강한 자와 약한
자 사이에는 주밖에 도와 줄 이가 없사오
니 우리 하나님 여호와여 우리를 도우소
서 우리가 주를 의지하오며 주의 이름을
의탁하옵고 이 많은 무리를 치러 왔나이
다 여호와여 주는 우리 하나님이시오니

6

7

8

9

10

11

원하건대 사람이 주를 이기지 못하게 하
옵소서 하였더니

12 여호와께서 구스 사람들을 아사와 유
다 사람들 앞에서 치시니 구스 사람들이
도망하는지라

13 아사와 그와 함께 한 백성이 구스 사람
들을 추격하여 그랄까지 이르매 이에 구
스 사람들이 엎드러지고 살아 남은 자가
없었으니 이는 여호와 앞에서와 그의 군
대 앞에서 패망하였음이라 노략한 물건
이 매우 많았더라

14 여호와께서 그랄 사면 모든 성읍 백성
을 두렵게 하시니 무리가 그의 모든 성읍
을 치고 그 가운데에 있는 많은 물건을 노
략하고

15 또 짐승 지키는 천막을 치고 양과 낙타
를 많이 이끌고 예루살렘으로 돌아왔더라

아사의 개혁

15 하나님의 영이 오뎃의 아들 아사랴
에게 임하시매

2 그가 나가서 아사를 맞아 이르되 아사
와 및 유다와 베냐민의 무리들아 내 말을
들으라 너희가 여호와와 함께 하면 여호
와께서 너희와 함께 하실지라 너희가 만
일 그를 찾으면 그가 너희와 만나게 되시
려니와 너희가 만일 그를 버리면 그도 너
희를 버리시리라

3 이스라엘에는 참 신이 없고 가르치는
제사장도 없고 율법도 없은 지가 오래 되
었으나

12
13
14
15
아사의 개혁
15
2
3

4 그들이 그 환난 때에 이스라엘 하나님
여호와께로 돌아가서 찾으매 그가 그들
과 만나게 되셨나니

5 그 때에 온 땅의 모든 주민이 크게 요
란하여 사람의 출입이 평안하지 못하며

6 이 나라와 저 나라가 서로 치고 이 성
읍이 저 성읍과 또한 그러하여 피차 상한
바 되었나니 이는 하나님이 여러 가지 고
난으로 요란하게 하셨음이라

7 그런즉 너희는 강하게 하라 너희의 손
이 약하지 않게 하라 너희 행위에는 상급
이 있음이라 하니라

8 아사가 이 말 곧 선지자 오뎃의 예언
을 듣고 마음을 강하게 하여 가증한 물건
들을 유다와 베냐민 온 땅에서 없애고 또
에브라임 산지에서 빼앗은 성읍들에서도
없애고 또 여호와의 낭실 앞에 있는 여호
와의 제단을 재건하고

9 또 유다와 베냐민의 무리를 모으고 에
브라임과 므낫세와 시므온 가운데에서
나와서 저희 중에 머물러 사는 자들을 모
았으니 이는 이스라엘 사람들이 아사의
하나님 여호와께서 그와 함께 하심을 보
고 아사에게로 돌아오는 자가 많았음이
더라

10 아사 왕 제십오년 셋째 달에 그들이 예
루살렘에 모이고

11 그 날에 노략하여 온 물건 중에서 소
칠백 마리와 양 칠천 마리로 여호와께 제
사를 지내고

4

5

6

7

8

9

10

11

12 또 마음을 다하고 목숨을 다하여 조상
들의 하나님 여호와를 찾기로 언약하고
13 이스라엘 하나님 여호와를 찾지 아니
하는 자는 대소 남녀를 막론하고 죽이는
것이 마땅하다 하고
14 무리가 큰 소리로 외치며 피리와 나팔
을 불어 여호와께 맹세하매
15 온 유다가 이 맹세를 기뻐한지라 무리
가 마음을 다하여 맹세하고 뜻을 다하여
여호와를 찾았으므로 여호와께서도 그들
을 만나 주시고 그들의 사방에 평안을 주
셨더라
16 아사 왕의 어머니 마아가가 아세라의
가증한 목상을 만들었으므로 아사가 그
의 태후의 자리를 폐하고 그의 우상을 찍
고 빻아 기드론 시냇가에서 불살랐으니
17 산당은 이스라엘 중에서 제하지 아니
하였으나 아사의 마음이 일평생 온전하
였더라
18 그가 또 그의 아버지가 구별한 물건과
자기가 구별한 물건 곧 은과 금과 그릇들
을 하나님의 전에 드렸더니
19 이 때부터 아사 왕 제삼십오년까지 다
시는 전쟁이 없으니라

이스라엘과 유다의 충돌(왕상 15:17-22)

16 아사 왕 제삼십육년에 이스라엘 왕
바아사가 유다를 치러 올라와서 라
마를 건축하여 사람을 유다 왕 아사에게
왕래하지 못하게 하려 한지라
2 아사가 여호와의 전 곳간과 왕궁 곳간

12

13

14

15

16

17

18

19

이스라엘과 유다의 충돌(왕상 15:17-22)

16

2

의 은금을 내어다가 다메섹에 사는 아람
왕 벤하닷에게 보내며 이르되

3 내 아버지와 당신의 아버지 사이에와
같이 나와 당신 사이에 약조하자 내가 당
신에게 은금을 보내노니 와서 이스라엘
왕 바아사와 세운 약조를 깨뜨려 그가 나
를 떠나게 하라 하매

4 벤하닷이 아사 왕의 말을 듣고 그의 군
대 지휘관들을 보내어 이스라엘 성읍들
을 치되 이욘과 단과 아벨마임과 납달리
의 모든 국고성들을 쳤더니

5 바아사가 듣고 라마 건축하는 일을 포
기하고 그 공사를 그친지라

6 아사 왕이 온 유다 무리를 거느리고 바
아사가 라마를 건축하던 돌과 재목을 운
반하여다가 게바와 미스바를 건축하였더
라

선견자 하나니

7 그 때에 선견자 하나니가 유다 왕 아사
에게 나와서 그에게 이르되 왕이 아람 왕
을 의지하고 왕의 하나님 여호와를 의지
하지 아니하였으므로 아람 왕의 군대가
왕의 손에서 벗어났나이다

8 구스 사람과 룹 사람의 군대가 크지 아
니하며 말과 병거가 심히 많지 아니하더
이까 그러나 왕이 여호와를 의지하였으므
로 여호와께서 왕의 손에 넘기셨나이다

9 여호와의 눈은 온 땅을 두루 감찰하사
전심으로 자기에게 향하는 자들을 위하
여 능력을 베푸시나니 이 일은 왕이 망령

3

4

5

6

선견자 하나니

7

8

9

되이 행하였은즉 이 후부터는 왕에게 전
쟁이 있으리이다 하매

10 아사가 노하여 선견자를 옥에 가두었
으니 이는 그의 말에 크게 노하였음이며
그 때에 아사가 또 백성 중에서 몇 사람을
학대하였더라

아사가 죽다(왕상 15:23-24)

11 아사의 처음부터 끝까지의 행적은 유
다와 이스라엘 열왕기에 기록되니라

12 아사가 왕이 된 지 삼십구 년에 그의
발이 병들어 매우 위독했으나 병이 있을
때에 그가 여호와께 구하지 아니하고 의
원들에게 구하였더라

13 아사가 왕위에 있은 지 사십일 년 후에
죽어 그의 조상들과 함께 누우매

14 다윗 성에 자기를 위하여 파 두었던 묘
실에 무리가 장사하되 그의 시체를 법대로
만든 각양 향 재료를 가득히 채운 상에 두
고 또 그것을 위하여 많이 분향하였더라

여호사밧이 유다의 왕이 되다

17 아사의 아들 여호사밧이 대신하여
왕이 되어 스스로 강하게 하여 이스
라엘을 방어하되

2 유다 모든 견고한 성읍에 군대를 주둔
시키고 또 유다 땅과 그의 아버지 아사가
정복한 에브라임 성읍들에 영문을 두었
더라

3 여호와께서 여호사밧과 함께 하셨으
니 이는 그가 그의 조상 다윗의 처음 길로
행하여 바알들에게 구하지 아니하고

10

아사가 죽다(왕상 15:23-24)

11

12

13

14

여호사밧이 유다의 왕이 되다

17

2

3

4 오직 그의 아버지의 하나님께 구하며
그의 계명을 행하고 이스라엘의 행위를
따르지 아니하였음이라

5 그러므로 여호와께서 나라를 그의 손
에서 견고하게 하시매 유다 무리가 여호
사밧에게 예물을 드렸으므로 그가 부귀
와 영광을 크게 떨쳤더라

6 그가 전심으로 여호와의 길을 걸어 산
당들과 아세라 목상들도 유다에서 제거
하였더라

7 그가 왕위에 있은 지 삼 년에 그의 방
백들 벤하일과 오바댜와 스가랴와 느다
넬과 미가야를 보내어 유다 여러 성읍에
가서 가르치게 하고

8 또 그들과 함께 레위 사람 스마야와 느
다냐와 스바댜와 아사헬과 스미라못과
여호나단과 아도니야와 도비야와 도바도
니야 등 레위 사람들을 보내고 또 저희와
함께 제사장 엘리사마와 여호람을 보내
었더니

9 그들이 여호와의 율법책을 가지고 유
다에서 가르치되 그 모든 유다 성읍들로
두루 다니며 백성들을 가르쳤더라

여호사밧이 강대하여지다

10 여호와께서 유다 사방의 모든 나라에
두려움을 주사 여호사밧과 싸우지 못하
게 하시매

11 블레셋 사람들 중에서는 여호사밧에
게 예물을 드리며 은으로 조공을 바쳤고
아라비아 사람들도 짐승 떼 곧 숫양 칠천

4

5

6

7

8

9

여호사밧이 강대하여지다

10

11

칠백 마리와 숫염소 칠천칠백 마리를 드
렸더라

12 여호사밧이 점점 강대하여 유다에 견
고한 요새와 국고성을 건축하고

13 유다 여러 성에 공사를 많이 하고 또
예루살렘에 크게 용맹스러운 군사를 두
었으니

14 군사의 수효가 그들의 족속대로 이러
하니라 유다에 속한 천부장 중에는 아드
나가 으뜸이 되어 큰 용사 삼십만 명을 거
느렸고

15 그 다음은 지휘관 여호하난이니 이십
팔만 명을 거느렸고

16 그 다음은 시그리의 아들 아마시야니
그는 자기를 여호와께 즐거이 드린 자라
큰 용사 이십만 명을 거느렸고

17 베냐민에 속한 자 중에 큰 용사 엘리아
다는 활과 방패를 잡은 자 이십만 명을 거
느렸고

18 그 다음은 여호사밧이라 싸움을 준비
한 자 십팔만 명을 거느렸으니

19 이는 다 왕을 모시는 자요 이 외에 또
온 유다 견고한 성읍들에 왕이 군사를 두
었더라

선지자 미가야가 아합 왕에게 경고하다(왕상 22:1-28)

18 여호사밧이 부귀와 영광을 크게 떨
쳤고 아합 가문과 혼인함으로 인척
관계를 맺었더라

2 이 년 후에 그가 사마리아의 아합에게
내려갔더니 아합이 그와 시종을 위하여

12

13

14

15

16

17

18

19

선지자 미가야가 아합 왕에게 경고하다(왕상 22:1-28)

18

2

양과 소를 많이 잡고 함께 가서 길르앗 라
못 치기를 권하였더라

3 이스라엘 왕 아합이 유다 왕 여호사밧
에게 이르되 당신이 나와 함께 길르앗 라
못으로 가시겠느냐 하니 여호사밧이 대
답하되 나는 당신과 다름이 없고 내 백성
은 당신의 백성과 다름이 없으니 당신과
함께 싸우리이다 하는지라

4 여호사밧이 또 이스라엘 왕에게 이르
되 청하건대 먼저 여호와의 말씀이 어떠
하신지 오늘 물어 보소서 하더라

5 이스라엘 왕이 이에 선지자 사백 명을
모으고 그들에게 이르되 우리가 길르앗
라못에 가서 싸우랴 말랴 하니 그들이 이
르되 올라가소서 하나님이 그 성읍을 왕
의 손에 붙이시리이다 하더라

6 여호사밧이 이르되 이 외에 우리가 물
을 만한 여호와의 선지자가 여기 있지 아
니하니이까 하니

7 이스라엘 왕이 여호사밧에게 이르되
아직도 이믈라의 아들 미가야 한 사람이
있으니 그로 말미암아 여호와께 물을 수
있으나 그는 내게 대하여 좋은 일로는 예
언하지 아니하고 항상 나쁜 일로만 예언
하기로 내가 그를 미워하나이다 하더라
여호사밧이 이르되 왕은 그런 말씀을 마
소서 하니

8 이스라엘 왕이 한 내시를 불러 이르되
이믈라의 아들 미가야를 속히 오게 하라
하니라

3

4

5

6

7

8

9 이스라엘 왕과 유다 왕 여호사밧이 왕
복을 입고 사마리아 성문 어귀 광장에서
각기 보좌에 앉았고 여러 선지자들이 그
앞에서 예언을 하는데

10 그나아나의 아들 시드기야는 철로 뿔
들을 만들어 가지고 말하되 여호와께서
이같이 말씀하시기를 왕이 이것들로 아
람 사람을 찔러 진멸하리라 하셨다 하고

11 여러 선지자들도 그와 같이 예언하여
이르기를 길르앗 라못으로 올라가서 승
리를 거두소서 여호와께서 그 성읍을 왕
의 손에 넘기시리이다 하더라

12 미가야를 부르러 간 사자가 그에게 말
하여 이르되 선지자들의 말이 하나 같이
왕에게 좋게 말하니 청하건대 당신의 말
도 그들 중 한 사람처럼 좋게 말하소서 하
니

13 미가야가 이르되 여호와께서 살아 계
심을 두고 맹세하노니 내 하나님께서 말
씀하시는 것 곧 그것을 내가 말하리라 하
고

14 이에 왕에게 이르니 왕이 그에게 이르
되 미가야야 우리가 길르앗 라못으로 싸
우러 가랴 말랴 하는지라 이르되 올라가
서 승리를 거두소서 그들이 왕의 손에 넘
긴 바 되리이다 하니

15 왕이 그에게 이르되 여호와의 이름으
로 진실한 것 이외에는 아무것도 말하지
말라고 내가 몇 번이나 네게 맹세하게 하
여야 하겠느냐 하니

9

10

11

12

13

14

15

16 그가 이르되 내가 보니 온 이스라엘이
목자 없는 양 같이 산에 흩어졌는데 여호
와의 말씀이 이 무리가 주인이 없으니 각
각 평안히 자기들의 집으로 돌아갈 것이
니라 하셨나이다 하는지라

17 이스라엘 왕이 여호사밧에게 이르되
저 사람이 내게 대하여 좋은 일로 예언하
지 아니하고 나쁜 일로만 예언할 것이라
고 당신에게 말씀하지 아니하였나이까
하더라

18 미가야가 이르되 그런즉 왕은 여호와
의 말씀을 들으소서 내가 보니 여호와께
서 그의 보좌에 앉으셨고 하늘의 만군이
그의 좌우편에 모시고 섰는데

19 여호와께서 말씀하시기를 누가 이스
라엘 왕 아합을 꾀어 그에게 길르앗 라못
에 올라가서 죽게 할까 하시니 하나는 이
렇게 하겠다 하고 하나는 저렇게 하겠다
하였는데

20 한 영이 나와서 여호와 앞에 서서 말하
되 내가 그를 꾀겠나이다 하니 여호와께
서 그에게 이르시되 어떻게 하겠느냐 하
시니

21 그가 이르되 내가 나가서 거짓말하는
영이 되어 그의 모든 선지자들의 입에 있
겠나이다 하니 여호와께서 이르시되 너
는 꾀겠고 또 이루리라 나가서 그리하라
하셨은즉

22 이제 보소서 여호와께서 거짓말하는
영을 왕의 이 모든 선지자들의 입에 넣으

16

17

18

19

20

21

22

셨고 또 여호와께서 왕에게 대하여 재앙
을 말씀하셨나이다 하니
23 그나아나의 아들 시드기야가 가까이
와서 미가야의 뺨을 치며 이르되 여호와
의 영이 나를 떠나 어디로 가서 네게 말씀
하더냐 하는지라
24 미가야가 이르되 네가 골방에 들어가
서 숨는 바로 그 날에 보리라 하더라
25 이스라엘 왕이 이르되 미가야를 잡아
시장 아몬과 왕자 요아스에게로 끌고 돌
아가서
26 왕이 이같이 말하기를 이 놈을 옥에 가
두고 내가 평안히 돌아올 때까지 고난의
떡과 고난의 물을 먹게 하라 하셨나이다
하니
27 미가야가 이르되 왕이 참으로 평안히
돌아오시게 된다면 여호와께서 내게 말
씀하지 아니하셨으리이다 하고 또 이르
되 너희 백성들아 다 들을지어다 하니라

아합이 죽다(왕상 22:29-35)

28 이스라엘 왕과 유다 왕 여호사밧이 길
르앗 라못으로 올라가니라
29 이스라엘 왕이 여호사밧에게 이르되
나는 변장하고 전쟁터로 들어가려 하노니
당신은 왕복을 입으소서 하고 이스라엘
왕이 변장하고 둘이 전쟁터로 들어가니라
30 아람 왕이 그의 병거 지휘관들에게 이
미 명령하여 이르기를 너희는 작은 자나
큰 자나 더불어 싸우지 말고 오직 이스라
엘 왕하고만 싸우라 한지라

23

24

25

26

27

아합이 죽다(왕상 22:29-35)

28

29

30

31 병거의 지휘관들이 여호사밧을 보고
이르되 이가 이스라엘 왕이라 하고 돌아
서서 그와 싸우려 한즉 여호사밧이 소리
를 지르매 여호와께서 그를 도우시며 하
나님이 그들을 감동시키사 그를 떠나가
게 하신지라

32 병거의 지휘관들이 그가 이스라엘 왕
이 아님을 보고 추격을 그치고 돌아갔더
라

33 한 사람이 무심코 활을 당겨 이스라엘
왕의 갑옷 솔기를 쏜지라 왕이 그의 병거
모는 자에게 이르되 내가 부상하였으니
네 손을 돌려 나를 진중에서 나가게 하라
하였으나

34 이 날의 전쟁이 맹렬하였으므로 이스
라엘 왕이 병거에서 겨우 지탱하며 저녁
때까지 아람 사람을 막다가 해가 질 즈음
에 죽었더라

선견자 예후가 여호사밧을 규탄하다

19 유다 왕 여호사밧이 평안히 예루살
렘에 돌아와서 그의 궁으로 들어가
니라

2 하나니의 아들 선견자 예후가 나가서
여호사밧 왕을 맞아 이르되 왕이 악한 자
를 돕고 여호와를 미워하는 자들을 사랑
하는 것이 옳으니이까 그러므로 여호와
께로부터 진노하심이 왕에게 임하리이다

3 그러나 왕에게 선한 일도 있으니 이는
왕이 아세라 목상들을 이 땅에서 없애고
마음을 기울여 하나님을 찾음이니이다

31

32

33

34

선견자 예후가 여호사밧을 규탄하다

19

2

3

하였더라

여호사밧의 개혁

4 여호사밧이 예루살렘에 살더니 다시
나가서 브엘세바에서부터 에브라임 산지
까지 민간에 두루 다니며 그들을 그들의
조상들의 하나님 여호와께로 돌아오게
하고

5 또 유다 온 나라의 견고한 성읍에 재판
관을 세우되 성읍마다 있게 하고

6 재판관들에게 이르되 너희가 재판하
는 것이 사람을 위하여 할 것인지 여호와
를 위하여 할 것인지를 잘 살피라 너희가
재판할 때에 여호와께서 너희와 함께 하
심이니라

7 그런즉 너희는 여호와를 두려워하는
마음으로 삼가 행하라 우리의 하나님 여
호와께서는 불의함도 없으시고 치우침도
없으시고 뇌물을 받는 일도 없으시니라
하니라

8 여호사밧이 또 예루살렘에서 레위 사
람들과 제사장들과 이스라엘 족장들 중
에서 사람을 세워 여호와께 속한 일과 예
루살렘 주민의 모든 송사를 재판하게 하
고

9 그들에게 명령하여 이르되 너희는 진
실과 성심을 다하여 여호와를 경외하라

10 어떤 성읍에 사는 너희 형제가 혹 피
를 흘림이나 혹 율법이나 계명이나 율례
나 규례로 말미암아 너희에게 와서 송사
하거든 어떤 송사든지 그들에게 경고하

여호사밧의 개혁

4

5

6

7

8

9

10

여 여호와께 죄를 범하지 않게 하여 너희
와 너희 형제에게 진노하심이 임하지 말
게 하라 너희가 이렇게 행하면 죄가 없으
리라

11 여호와께 속한 모든 일에는 대제사장
아마랴가 너희를 다스리고 왕에게 속한
모든 일은 유다 지파의 어른 이스마엘의
아들 스바댜가 다스리고 레위 사람들은
너희 앞에 관리가 되리라 너희는 힘써 행
하라 여호와께서 선한 자와 함께 하실지
로다 하니라

여호사밧과 아람의 전쟁

20 그 후에 모압 자손과 암몬 자손들
이 마온 사람들과 함께 와서 여호
사밧을 치고자 한지라

2 어떤 사람이 와서 여호사밧에게 전하
여 이르되 큰 무리가 바다 저쪽 아람에서
왕을 치러 오는데 이제 하사손다말 곧 엔
게디에 있나이다 하니

3 여호사밧이 두려워하여 여호와께로
낯을 향하여 간구하고 온 유다 백성에게
금식하라 공포하매

4 유다 사람이 여호와께 도우심을 구하
려 하여 유다 모든 성읍에서 모여와서 여
호와께 간구하더라

5 여호사밧이 여호와의 전 새 뜰 앞에서
유다와 예루살렘의 회중 가운데 서서

6 이르되 우리 조상들의 하나님 여호와여
주는 하늘에서 하나님이 아니시니이까 이
방 사람들의 모든 나라를 다스리지 아니하

11

여호사밧과 아람의 전쟁

20

2

3

4

5

6

시나이까 주의 손에 권세와 능력이 있사오
니 능히 주와 맞설 사람이 없나이다

7 우리 하나님이시여 전에 이 땅 주민을
주의 백성 이스라엘 앞에서 쫓아내시고
그 땅을 주께서 사랑하시는 아브라함의
자손에게 영원히 주지 아니하셨나이까

8 그들이 이 땅에 살면서 주의 이름을 위
하여 한 성소를 주를 위해 건축하고 이르
기를

9 만일 재앙이나 난리나 견책이나 전염
병이나 기근이 우리에게 임하면 주의 이
름이 이 성전에 있으니 우리가 이 성전 앞
과 주 앞에 서서 이 환난 가운데에서 주께
부르짖은즉 들으시고 구원하시리라 하였
나이다

10 옛적에 이스라엘이 애굽 땅에서 나올
때에 암몬 자손과 모압 자손과 세일 산 사
람들을 침노하기를 주께서 용납하지 아
니하시므로 이에 돌이켜 그들을 떠나고
멸하지 아니하였거늘

11 이제 그들이 우리에게 갚는 것을 보옵
소서 그들이 와서 주께서 우리에게 주신
주의 기업에서 우리를 쫓아내고자 하나
이다

12 우리 하나님이여 그들을 징벌하지 아
니하시나이까 우리를 치러 오는 이 큰 무
리를 우리가 대적할 능력이 없고 어떻게
할 줄도 알지 못하옵고 오직 주만 바라보
나이다 하고

13 유다 모든 사람들이 그들의 아내와 자

7

8

9

10

11

12

13

녀와 어린이와 더불어 여호와 앞에 섰더
라

14 여호와의 영이 회중 가운데에서 레위
사람 야하시엘에게 임하셨으니 그는 아
삽 자손 맛다냐의 현손이요 여이엘의 증
손이요 브나야의 손자요 스가랴의 아들
이더라

15 야하시엘이 이르되 온 유다와 예루살렘
주민과 여호사밧 왕이여 들을지어다 여호
와께서 이같이 너희에게 말씀하시기를 너
희는 이 큰 무리로 말미암아 두려워하거나
놀라지 말라 이 전쟁은 너희에게 속한 것
이 아니요 하나님께 속한 것이니라

16 내일 너희는 그들에게로 내려가라 그
들이 시스 고개로 올라올 때에 너희가 골
짜기 어귀 여루엘 들 앞에서 그들을 만나
려니와

17 이 전쟁에는 너희가 싸울 것이 없나니
대열을 이루고 서서 너희와 함께 한 여호
와가 구원하는 것을 보라 유다와 예루살
렘아 너희는 두려워하지 말며 놀라지 말
고 내일 그들을 맞서 나가라 여호와가 너
희와 함께 하리라 하셨느니라 하매

18 여호사밧이 몸을 굽혀 얼굴을 땅에 대
니 온 유다와 예루살렘 주민들도 여호와
앞에 엎드려 여호와께 경배하고

19 그핫 자손과 고라 자손에게 속한 레위
사람들은 서서 심히 큰 소리로 이스라엘
하나님 여호와를 찬송하니라

20 이에 백성들이 아침에 일찍이 일어나

14

15

16

17

18

19

20

서 드고아 들로 나가니라 나갈 때에 여호
사밧이 서서 이르되 유다와 예루살렘 주
민들아 내 말을 들을지어다 너희는 너희
하나님 여호와를 신뢰하라 그리하면 견
고히 서리라 그의 선지자들을 신뢰하라
그리하면 형통하리라 하고

21 백성과 더불어 의논하고 노래하는 자
들을 택하여 거룩한 예복을 입히고 군대
앞에서 행진하며 여호와를 찬송하여 이
르기를 여호와께 감사하세 그의 인자하
심이 영원하도다 하게 하였더니

22 그 노래와 찬송이 시작될 때에 여호와
께서 복병을 두어 유다를 치러 온 암몬 자
손과 모압과 세일 산 주민들을 치게 하시
므로 그들이 패하였으니

23 곧 암몬과 모압 자손이 일어나 세일 산
주민들을 쳐서 진멸하고 세일 주민들을
멸한 후에는 그들이 서로 쳐죽였더라

24 유다 사람이 들 망대에 이르러 그 무리
를 본즉 땅에 엎드러진 시체들뿐이요 한
사람도 피한 자가 없는지라

25 여호사밧과 그의 백성이 가서 적군의
물건을 탈취할새 본즉 그 가운데에 재물
과 의복과 보물이 많이 있으므로 각기 탈
취하는데 그 물건이 너무 많아 능히 가져
갈 수 없을 만큼 많으므로 사흘 동안에 거
두어들이고

26 넷째 날에 무리가 브라가 골짜기에 모
여서 거기서 여호와를 송축한지라 그러
므로 오늘날까지 그 곳을 브라가 골짜기

21

22

23

24

25

26

라 일컫더라
27 유다와 예루살렘 모든 사람이 다시 여
호사밧을 선두로 하여 즐겁게 예루살렘
으로 돌아왔으니 이는 여호와께서 그들
이 그 적군을 이김으로써 즐거워하게 하
셨음이라
28 그들이 비파와 수금과 나팔을 합주하
고 예루살렘에 이르러 여호와의 전에 나
아가니라
29 이방 모든 나라가 여호와께서 이스라
엘의 적군을 치셨다 함을 듣고 하나님을
두려워하므로
30 여호사밧의 나라가 태평하였으니 이
는 그의 하나님이 사방에서 그들에게 평
강을 주셨음이더라

27

28

29

30

여호사밧의 행적(왕상 22:41-50)

31 여호사밧이 유다의 왕이 되어 왕위에
오를 때에 나이가 삼십오 세라 예루살렘
에서 이십오 년 동안 다스리니라 그의 어
머니의 이름은 아수바라 실히의 딸이더라
32 여호사밧이 그의 아버지 아사의 길로
행하여 돌이켜 떠나지 아니하고 여호와
보시기에 정직하게 행하였으나
33 산당만은 철거하지 아니하였으므로
백성이 여전히 마음을 정하여 그들의 조
상들의 하나님께로 돌아오지 아니하였더
라
34 이 외에 여호사밧의 시종 행적은 하나
니의 아들 예후의 글에 다 기록되었고 그
글은 이스라엘 열왕기에 올랐더라

여호사밧의 행적(왕상 22:41-50)

31

32

33

34

35 유다 왕 여호사밧이 나중에 이스라엘
왕 아하시야와 교제하였는데 아하시야는
심히 악을 행하는 자였더라

36 두 왕이 서로 연합하고 배를 만들어 다
시스로 보내고자 하여 에시온게벨에서
배를 만들었더니

37 마레사 사람 도다와후의 아들 엘리에
셀이 여호사밧을 향하여 예언하여 이르
되 왕이 아하시야와 교제하므로 여호와
께서 왕이 지은 것들을 파하시리라 하더
니 이에 그 배들이 부서져서 다시스로 가
지 못하였더라

유다 왕 여호람(왕하 8:17-24)

21 여호사밧이 그의 조상들과 함께 누
우매 그의 조상들과 함께 다윗 성
에 장사되고 그의 아들 여호람이 대신하
여 왕이 되니라

2 여호사밧의 아들 여호람의 아우들 아
사랴와 여히엘과 스가랴와 아사랴와 미
가엘과 스바댜는 다 유다 왕 여호사밧의
아들들이라

3 그의 아버지가 그들에게는 은금과 보
물과 유다 견고한 성읍들을 선물로 후히
주었고 여호람은 장자이므로 왕위를 주
었더니

4 여호람이 그의 아버지의 왕국을 다스
리게 되어 세력을 얻은 후에 그의 모든 아
우들과 이스라엘 방백들 중 몇 사람을 칼
로 죽였더라

5 여호람이 왕위에 오를 때에 나이가 삼

35

36

37

유다 왕 여호람(왕하 8:17-24)

21

2

3

4

5

십이 세라 예루살렘에서 팔 년 동안 다스
리니라

6 그가 이스라엘 왕들의 길로 행하여 아
합의 집과 같이 하였으니 이는 아합의 딸
이 그의 아내가 되었음이라 그가 여호와
보시기에 악을 행하였으나

7 여호와께서 다윗의 집을 멸하기를 즐
겨하지 아니하셨음은 이전에 다윗과 더
불어 언약을 세우시고 또 다윗과 그의 자
손에게 항상 등불을 주겠다고 말씀하셨
음이더라

8 여호람 때에 에돔이 배반하여 유다의
지배하에서 벗어나 자기 위에 왕을 세우
므로

9 여호람이 지휘관들과 모든 병거를 거
느리고 출정하였더니 밤에 일어나서 자
기를 에워싼 에돔 사람과 그 병거의 지휘
관들을 쳤더라

10 이와 같이 에돔이 배반하여 유다의 지
배하에서 벗어났더니 오늘까지 그러하였
으며 그 때에 립나도 배반하여 여호람의
지배 하에서 벗어났으니 이는 그가 그의
조상들의 하나님 여호와를 버렸음이더라

11 여호람이 또 유다 여러 산에 산당을 세
워 예루살렘 주민으로 음행하게 하고 또
유다를 미혹하게 하였으므로

12 선지자 엘리야가 여호람에게 글을 보
내어 이르되 왕의 조상 다윗의 하나님 여
호와께서 이같이 말씀하시기를 네가 네
아비 여호사밧의 길과 유다 왕 아사의 길

6

7

8

9

10

11

12

로 행하지 아니하고
13 오직 이스라엘 왕들의 길로 행하여 유
다와 예루살렘 주민들이 음행하게 하기
를 아합의 집이 음행하듯 하며 또 네 아비
집에서 너보다 착한 아우들을 죽였으니
14 여호와가 네 백성과 네 자녀들과 네 아
내들과 네 모든 재물을 큰 재앙으로 치시
리라
15 또 너는 창자에 중병이 들고 그 병이
날로 중하여 창자가 빠져나오리라 하셨
다 하였더라
16 여호와께서 블레셋 사람들과 구스에
서 가까운 아라비아 사람들의 마음을 격
동시키사 여호람을 치게 하셨으므로
17 그들이 올라와서 유다를 침략하여 왕
궁의 모든 재물과 그의 아들들과 아내들
을 탈취하였으므로 막내 아들 여호아하
스 외에는 한 아들도 남지 아니하였더라
18 이 모든 일 후에 여호와께서 여호람을
치사 능히 고치지 못할 병이 그 창자에 들
게 하셨으므로
19 여러 날 후 이 년 만에 그의 창자가 그
병으로 말미암아 빠져나오매 그가 그 심한
병으로 죽으니 백성이 그들의 조상들에게
분향하던 것 같이 그에게 분향하지 아니하
였으며
20 여호람이 삼십이 세에 즉위하고 예루
살렘에서 팔 년 동안 다스리다가 아끼는
자 없이 세상을 떠났으며 무리가 그를 다
윗 성에 장사하였으나 열왕의 묘실에는

두지 아니하였더라

유다 왕 아하시야(왕하 8:25-29; 9:21-28)

22 예루살렘 주민이 여호람의 막내
아들 아하시야에게 왕위를 계승하
게 하였으니 이는 전에 아라비아 사람들
과 함께 와서 진을 치던 부대가 그의 모든
형들을 죽였음이라 그러므로 유다 왕 여
호람의 아들 아하시야가 왕이 되었더라

2 아하시야가 왕이 될 때에 나이가 사십
이 세라 예루살렘에서 일 년 동안 다스리
니라 그의 어머니의 이름은 아달랴요 오
므리의 손녀더라

3 아하시야도 아합의 집 길로 행하였으
니 이는 그의 어머니가 꾀어 악을 행하게
하였음이라

4 그의 아버지가 죽은 후에 그가 패망하
게 하는 아합의 집의 가르침을 따라 여호
와 보시기에 아합의 집 같이 악을 행하였
더라

5 아하시야가 아합의 집의 가르침을 따
라 이스라엘 왕 아합의 아들 요람과 함께
길르앗 라못으로 가서 아람 왕 하사엘과
더불어 싸우더니 아람 사람들이 요람을
상하게 한지라

6 요람이 아람 왕 하사엘과 싸울 때에 라
마에서 맞아 상한 것을 치료하려 하여 이
스르엘로 돌아왔더라 아합의 아들 요람
이 병이 있으므로 유다 왕 여호람의 아들
아사랴가 이스르엘에 내려가서 방문하였
더라

유다 왕 아하시야(왕하 8:25-29; 9:21-28)

22

2

3

4

5

6

7 아하시야가 요람에게 가므로 해를 입
었으니 이는 하나님께로 말미암은 것이
라 아하시야가 갔다가 요람과 함께 나가
서 님시의 아들 예후를 맞았으니 그는 여
호와께서 기름을 부으시고 아합의 집을
멸하게 하신 자이더라

8 예후로 하여금 아합의 집을 심판하게
하실 때에 유다 방백들과 아하시야의 형
제들의 아들들 곧 아하시야를 섬기는 자
들을 만나서 죽였고

9 아하시야는 사마리아에 숨었더니 예
후가 찾으매 무리가 그를 예후에게로 잡
아가서 죽이고 이르기를 그는 전심으로
여호와를 구하던 여호사밧의 아들이라
하고 장사하였더라 이에 아하시야의 집
이 약하여 왕위를 힘으로 지키지 못하게
되니라

유다 여왕 아달랴(왕하 11:1-3)

10 아하시야의 어머니 아달랴가 자기의
아들이 죽은 것을 보고 일어나 유다 집의
왕국의 씨를 모두 진멸하였으나

11 왕의 딸 여호사브앗이 아하시야의 아
들 요아스를 왕자들이 죽임을 당하는 중
에서 몰래 빼내어 그와 그의 유모를 침실
에 숨겨 아달랴를 피하게 하였으므로 아
달랴가 그를 죽이지 못하였더라 여호사
브앗은 여호람 왕의 딸이요 아하시야의
누이요 제사장 여호야다의 아내이더라

12 요아스가 그들과 함께 하나님의 전에
육 년을 숨어 있는 동안에 아달랴가 나라

7

8

9

유다 여왕 아달랴(왕하 11:1-3)

10

11

12

를 다스렸더라

아달랴에 대한 반역(왕하 11:4-16)

23 제칠년에 여호야다가 용기를 내어
백부장 곧 여로함의 아들 아사랴
와 여호하난의 아들 이스마엘과 오벳의
아들 아사랴와 아다야의 아들 마아세야
와 시그리의 아들 엘리사밧 등과 더불어
언약을 세우매

2 그들이 유다를 두루 다니며 유다 모든
고을에서 레위 사람들과 이스라엘 족장
들을 모아 예루살렘에 이른지라

3 온 회중이 하나님의 전에서 왕과 언약
을 세우매 여호야다가 무리에게 이르되
여호와께서 다윗의 자손에게 대하여 말
씀하신 대로 왕자가 즉위하여야 할지니

4 이제 너희는 이와 같이 행하라 너희 제
사장들과 레위 사람들 곧 안식일에 당번
인 자들의 삼분의 일은 문을 지키고

5 삼분의 일은 왕궁에 있고 삼분의 일은
기초문에 있고 백성들은 여호와의 전 뜰
에 있을지라

6 제사장들과 수종 드는 레위 사람들은
거룩한즉 여호와의 전에 들어오려니와
그 외의 다른 사람은 들어오지 못할 것이
니 모든 백성은 여호와께 지켜야 할 바를
지킬지며

7 레위 사람들은 각각 손에 무기를 잡고
왕을 호위하며 다른 사람이 성전에 들어
오거든 죽이고 왕이 출입할 때에 경호할
지니라 하니

아달랴에 대한 반역(왕하 11:4-16)

23

2

3

4

5

6

7

8 레위 사람들과 모든 유다 사람들이 제
사장 여호야다가 명령한 모든 것을 준행
하여 각기 수하에 안식일에 당번인 자와
안식일에 비번인 자들을 거느리고 있었
으니 이는 제사장 여호야다가 비번인 자
들을 보내지 아니함이더라

9 제사장 여호야다가 하나님의 전 안에
있는 다윗 왕의 창과 큰 방패와 작은 방패
를 백부장들에게 주고

10 또 백성들에게 각각 손에 무기를 잡고
왕을 호위하되 성전 오른쪽에서부터 성
전 왼쪽까지 제단과 성전 곁에 서게 하고

11 무리가 왕자를 인도해 내어 면류관을
씌우며 율법책을 주고 세워 왕으로 삼을
새 여호야다와 그의 아들들이 그에게 기
름을 붓고 이르기를 왕이여 만세수를 누
리소서 하니라

12 아달랴가 백성들이 뛰며 왕을 찬송하
는 소리를 듣고 여호와의 전에 들어가서
백성에게 이르러

13 보매 왕이 성전 문 기둥 곁에 섰고 지
휘관들과 나팔수들이 왕의 곁에 모셔 서
있으며 그 땅의 모든 백성들이 즐거워하
여 나팔을 불며 노래하는 자들은 주악하
며 찬송을 인도하는지라 이에 아달랴가
그의 옷을 찢으며 외치되 반역이로다 반
역이로다 하매

14 제사장 여호야다가 군대를 거느린 백
부장들을 불러내어 이르되 반열 밖으로
몰아내라 그를 따르는 자는 칼로 죽이라

8

9

10

11

12

13

14

하니 제사장의 이 말은 여호와의 전에서
는 그를 죽이지 말라 함이라
15 이에 무리가 그에게 길을 열어 주고 그
가 왕궁 말문 어귀에 이를 때에 거기서 죽
였더라

여호야다의 개혁(왕하 11:17-20)

16 여호야다가 자기와 모든 백성과 왕 사
이에 언약을 세워 여호와의 백성이 되리
라 한지라
17 온 국민이 바알의 신당으로 가서 그 신
당을 부수고 그의 제단들과 형상들을 깨
뜨리고 그 제단 앞에서 바알의 제사장 맛
단을 죽이니라
18 여호야다가 여호와의 전의 직원들을
세워 레위 제사장의 수하에 맡기니 이들
은 다윗이 전에 그들의 반열을 나누어서
여호와의 전에서 모세의 율법에 기록한
대로 여호와께 번제를 드리며 다윗이 정
한 규례대로 즐거이 부르고 노래하게 하
였던 자들이더라
19 또 문지기를 여호와의 전 여러 문에 두
어 무슨 일에든지 부정한 모든 자는 들어
오지 못하게 하고
20 백부장들과 존귀한 자들과 백성의 방
백들과 그 땅의 모든 백성을 거느리고 왕
을 인도하여 여호와의 전에서 내려와 윗
문으로부터 왕궁에 이르러 왕을 나라 보
좌에 앉히매
21 그 땅의 모든 백성이 즐거워하고 성중
이 평온하더라 아달랴를 무리가 칼로 죽였

15

여호야다의 개혁(왕하 11:17-20)

16

17

18

19

20

21

었더라

유다 왕 요아스(왕하 12:1-16)

24 요아스가 왕위에 오를 때에 나이
가 칠 세라 예루살렘에서 사십 년
동안 다스리니라 그의 어머니의 이름은
시비아요 브엘세바 사람이더라
2 제사장 여호야다가 세상에 사는 모든
날에 요아스가 여호와 보시기에 정직하
게 행하였으며
3 여호야다가 그를 두 아내에게 장가들
게 하였더니 자녀를 낳았더라
4 그 후에 요아스가 여호와의 전을 보수
할 뜻을 두고
5 제사장들과 레위 사람들을 모으고 그
들에게 이르되 너희는 유다 여러 성읍에
가서 모든 이스라엘에게 해마다 너희의
하나님의 전을 수리할 돈을 거두되 그 일
을 빨리 하라 하였으나 레위 사람이 빨리
하지 아니한지라
6 왕이 대제사장 여호야다를 불러 이르
되 네가 어찌하여 레위 사람들을 시켜서
여호와의 종 모세와 이스라엘의 회중이
성막을 위하여 정한 세를 유다와 예루살
렘에서 거두게 하지 아니하였느냐 하니
7 이는 그 악한 여인 아달랴의 아들들이
하나님의 전을 파괴하고 또 여호와의 전
의 모든 성물들을 바알들을 위하여 사용
하였음이었더라
8 이에 왕이 말하여 한 궤를 만들어 여호
와의 전 문 밖에 두게 하고

유다 왕 요아스(왕하 12:1-16)

24

2

3

4

5

6

7

8

9 유다와 예루살렘에 공포하여 하나님
의 종 모세가 광야에서 이스라엘에게 정
한 세를 여호와께 드리라 하였더니

10 모든 방백들과 백성들이 기뻐하여 마
치기까지 돈을 가져다가 궤에 던지니라

11 레위 사람들이 언제든지 궤를 메고 왕
의 관리에게 가지고 가서 돈이 많은 것을
보이면 왕의 서기관과 대제사장에게 속한
관원이 와서 그 궤를 쏟고 다시 그 곳에 가
져다 두었더라 때때로 이렇게 하여 돈을
많이 거두매

12 왕과 여호야다가 그 돈을 여호와의 전
감독자에게 주어 석수와 목수를 고용하
여 여호와의 전을 보수하며 또 철공과 놋
쇠공을 고용하여 여호와의 전을 수리하
게 하였더니

13 기술자들이 맡아서 수리하는 공사가
점점 진척되므로 하나님의 전을 이전 모
양대로 견고하게 하니라

14 공사를 마친 후에 그 남은 돈을 왕과
여호야다 앞으로 가져왔으므로 그것으로
여호와의 전에 쓸 그릇을 만들었으니 곧
섬겨 제사 드리는 그릇이며 또 숟가락과
금은 그릇들이라 여호야다가 세상에 사
는 모든 날에 여호와의 전에 항상 번제를
드렸더라

여호야다의 정책이 뒤집히다

15 여호야다가 나이가 많고 늙어서 죽으
니 죽을 때에 백삼십 세라

16 무리가 다윗 성 여러 왕의 묘실 중에

9

10

11

12

13

14

여호야다의 정책이 뒤집히다

15

16

장사하였으니 이는 그가 이스라엘과 하
나님과 그의 성전에 대하여 선을 행하였
음이더라

17 여호야다가 죽은 후에 유다 방백들이
와서 왕에게 절하매 왕이 그들의 말을 듣
고

18 그의 조상들의 하나님 여호와의 전을
버리고 아세라 목상과 우상을 섬겼으므
로 그 죄로 말미암아 진노가 유다와 예루
살렘에 임하니라

19 그러나 여호와께서 그들에게 선지자
를 보내사 다시 여호와에게로 돌아오게
하려 하시매 선지자들이 그들에게 경고
하였으나 듣지 아니하니라

20 이에 하나님의 영이 제사장 여호야다
의 아들 스가랴를 감동시키시매 그가 백
성 앞에 높이 서서 그들에게 이르되 하
나님이 이같이 말씀하시기를 너희가 어
찌하여 여호와의 명령을 거역하여 스스
로 형통하지 못하게 하느냐 하셨나니 너
희가 여호와를 버렸으므로 여호와께서도
너희를 버리셨느니라 하나

21 무리가 함께 꾀하고 왕의 명령을 따라
그를 여호와의 전 뜰 안에서 돌로 쳐죽였
더라

22 요아스 왕이 이와 같이 스가랴의 아버
지 여호야다가 베푼 은혜를 기억하지 아
니하고 그의 아들을 죽이니 그가 죽을 때
에 이르되 여호와는 감찰하시고 신원하
여 주옵소서 하니라

17

18

19

20

21

22

요아스가 죽다

23 일 주년 말에 아람 군대가 요아스를 치
려고 올라와서 유다와 예루살렘에 이르러
백성 중에서 모든 방백들을 다 죽이고 노
략한 물건을 다메섹 왕에게로 보내니라

24 아람 군대가 적은 무리로 왔으나 여호
와께서 심히 큰 군대를 그들의 손에 넘기
셨으니 이는 유다 사람들이 그들의 조상
들의 하나님 여호와를 버렸음이라 이와
같이 아람 사람들이 요아스를 징벌하였
더라

25 요아스가 크게 부상하매 적군이 그를
버리고 간 후에 그의 신하들이 제사장 여
호야다의 아들들의 피로 말미암아 반역
하여 그를 그의 침상에서 쳐죽인지라 다
윗 성에 장사하였으나 왕들의 묘실에는
장사하지 아니하였더라

26 반역한 자들은 암몬 여인 시므앗의 아
들 사밧과 모압 여인 시므릿의 아들 여호
사밧이더라

27 요아스의 아들들의 사적과 요아스가
중대한 경책을 받은 것과 하나님의 전을
보수한 사적은 다 열왕기 주석에 기록되
니라 그의 아들 아마샤가 대신하여 왕이
되니라

유다 왕 아마샤(왕하 14:2-6)

25 아마샤가 왕위에 오를 때에 나이가
이십오 세라 예루살렘에서 이십구
년 동안 다스리니라 그의 어머니의 이름
은 여호앗단이요 예루살렘 사람이더라

요아스가 죽다
23
24
25
26
27
유다 왕 아마샤(왕하 14:2-6)
25

2 아마샤가 여호와께서 보시기에 정직
하게 행하기는 하였으나 온전한 마음으
로 행하지 아니하였더라

3 그의 나라가 굳게 서매 그의 부왕을 죽
인 신하들을 죽였으나

4 그들의 자녀들은 죽이지 아니하였으
니 이는 모세의 율법책에 기록된 대로 함
이라 곧 여호와께서 명령하여 이르시기
를 자녀로 말미암아 아버지를 죽이지 말
것이요 아버지로 말미암아 자녀를 죽이
지 말 것이라 오직 각 사람은 자기의 죄로
말미암아 죽을 것이니라 하셨더라

아마샤와 에돔의 전쟁(왕하 14:7)

5 아마샤가 유다 사람들을 모으고 그 여
러 족속을 따라 천부장들과 백부장들을
세우되 유다와 베냐민을 함께 그리하고
이십 세 이상으로 계수하여 창과 방패를
잡고 능히 전장에 나갈 만한 자 삼십만 명
을 얻고

6 또 은 백 달란트로 이스라엘 나라에서
큰 용사 십만 명을 고용하였더니

7 어떤 하나님의 사람이 아마샤에게 나
아와서 이르되 왕이여 이스라엘 군대를
왕과 함께 가게 하지 마옵소서 여호와께
서는 이스라엘 곧 온 에브라임 자손과 함
께 하지 아니하시나니

8 왕이 만일 가시거든 힘써 싸우소서 하
나님이 왕을 적군 앞에 엎드러지게 하시
리이다 하나님은 능히 돕기도 하시고 능
히 패하게도 하시나이다 하니

2
3
4
아마샤와 에돔의 전쟁(왕하 14:7)
5
6
7
8

9 아마샤가 하나님의 사람에게 이르되
내가 백 달란트를 이스라엘 군대에게 주
었으니 어찌할까 하나님의 사람이 말하
되 여호와께서 능히 이보다 많은 것을 왕
에게 주실 수 있나이다 하니라

10 아마샤가 이에 에브라임에서 자기에
게 온 군대를 나누어 그들의 고향으로 돌
아가게 하였더니 그 무리가 유다 사람에
게 심히 노하여 분연히 고향으로 돌아갔
더라

11 아마샤가 담력을 내어 그의 백성을 거
느리고 소금 골짜기에 이르러 세일 자손
만 명을 죽이고

12 유다 자손이 또 만 명을 사로잡아 가지
고 바위 꼭대기에 올라가서 거기서 밀쳐
내려뜨려서 그들의 온 몸이 부서지게 하
였더라

13 아마샤가 자기와 함께 전장에 나가지
못하게 하고 돌려보낸 군사들이 사마리
아에서부터 벧호론까지 유다 성읍들을
약탈하고 사람 삼천 명을 죽이고 물건을
많이 노략하였더라

14 아마샤가 에돔 사람들을 죽이고 돌아
올 때에 세일 자손의 신들을 가져와서 자
기의 신으로 세우고 그것들 앞에 경배하
며 분향한지라

15 그러므로 여호와께서 아마샤에게 진
노하사 한 선지자를 그에게 보내시니 그
가 이르되 저 백성의 신들이 그들의 백성
을 왕의 손에서 능히 구원하지 못하였거

늘 왕은 어찌하여 그 신들에게 구하나이
까 하며

16 선지자가 아직 그에게 말할 때에 왕이
그에게 이르되 우리가 너를 왕의 모사로
삼았느냐 그치라 어찌하여 맞으려 하느
냐 하니 선지자가 그치며 이르되 왕이 이
일을 행하고 나의 경고를 듣지 아니하니
하나님이 왕을 멸하시기로 작정하신 줄
아노라 하였더라

유다와 이스라엘의 전쟁(왕하 14:8-20)

17 유다 왕 아마샤가 상의하고 예후의 손
자 여호아하스의 아들 이스라엘 왕 요아
스에게 사신을 보내어 이르되 오라 서로
대면하자 한지라

18 이스라엘 왕 요아스가 유다 왕 아마샤
에게 사람을 보내어 이르되 레바논 가시
나무가 레바논 백향목에게 전갈을 보내
어 이르기를 네 딸을 내 아들에게 주어 아
내로 삼게 하라 하였더니 레바논 들짐승
이 지나가다가 그 가시나무를 짓밟았느
니라

19 네가 에돔 사람들을 쳤다고 네 마음이
교만하여 자긍하는도다 네 궁에나 있으
라 어찌하여 화를 자초하여 너와 유다가
함께 망하고자 하느냐 하나

20 아마샤가 듣지 아니하였으니 이는 하
나님께로 말미암은 것이라 그들이 에돔
신들에게 구하였으므로 그 대적의 손에
넘기려 하심이더라

21 이스라엘 왕 요아스가 올라와서 유다

16

유다와 이스라엘의 전쟁(왕하 14:8-20)

17

18

19

20

21

왕 아마샤와 더불어 유다의 벧세메스에
서 대면하였더니

22 **유다가 이스라엘 앞에서 패하여 각기**
장막으로 도망한지라

23 **이스라엘 왕 요아스가 벧세메스에서**
여호아하스의 손자 요아스의 아들 유다
왕 아마샤를 사로잡고 예루살렘에 이르
러 예루살렘 성벽을 에브라임 문에서부
터 성 모퉁이 문까지 사백 규빗을 헐고

24 **또 하나님의 전 안에서 오벧에돔이 지**
키는 모든 금은과 그릇과 왕궁의 재물을
빼앗고 또 사람들을 볼모로 잡아 가지고
사마리아로 돌아갔더라

25 **이스라엘 왕 요아하스의 아들 요아스**
가 죽은 후에도 유다 왕 요아스의 아들 아
마샤가 십오 년 간 생존하였더라

26 **아마샤의 이 외의 처음부터 끝까지의**
행적은 유다와 이스라엘 열왕기에 기록
되지 아니하였느냐

27 **아마샤가 돌아서서 여호와를 버린 후**
로부터 예루살렘에서 무리가 그를 반역
하였으므로 그가 라기스로 도망하였더니
반역한 무리가 사람을 라기스로 따라 보
내어 그를 거기서 죽이게 하고

28 **그의 시체를 말에 실어다가 그의 조상**
들과 함께 유다 성읍에 장사하였더라

유다 왕 웃시야 (왕하 14:21-22; 15:1-7)

26 유다 온 백성이 나이가 십육 세 된
웃시야를 세워 그의 아버지 아마
샤를 대신하여 왕으로 삼으니

22

23

24

25

26

27

28

유다 왕 웃시야 (왕하 14:21-22; 15:1-7)

26

2 아마샤 왕이 그의 열조들의 묘실에 누
운 후에 웃시야가 엘롯을 건축하여 유다
에 돌렸더라

3 웃시야가 왕위에 오를 때에 나이가 십
육 세라 예루살렘에서 오십이 년 간 다스
리니라 그의 어머니의 이름은 여골리아
요 예루살렘 사람이더라

4 웃시야가 그의 아버지 아마샤의 모든
행위대로 여호와 보시기에 정직하게 행
하며

5 하나님의 묵시를 밝히 아는 스가랴가
사는 날에 하나님을 찾았고 그가 여호와
를 찾을 동안에는 하나님이 형통하게 하
셨더라

6 웃시야가 나가서 블레셋 사람들과 싸
우고 가드 성벽과 야브네 성벽과 아스돗
성벽을 헐고 아스돗 땅과 블레셋 사람들
가운데에 성읍들을 건축하매

7 하나님이 그를 도우사 블레셋 사람들
과 구르바알에 거주하는 아라비아 사람
들과 마온 사람들을 치게 하신지라

8 암몬 사람들이 웃시야에게 조공을 바
치매 웃시야가 매우 강성하여 이름이 애
굽 변방까지 퍼졌더라

9 웃시야가 예루살렘에서 성 모퉁이 문
과 골짜기 문과 성굽이에 망대를 세워 견
고하게 하고

10 또 광야에 망대를 세우고 물 웅덩이를
많이 파고 고원과 평지에 가축을 많이 길
렀으며 또 여러 산과 좋은 밭에 농부와 포

2

3

4

5

6

7

8

9

10

도원을 다스리는 자들을 두었으니 농사
를 좋아함이었더라

11 웃시야에게 또 싸우는 군사가 있으니
서기관 여이엘과 병영장 마아세야가 직
접 조사한 수효대로 왕의 지휘관 하나냐
의 휘하에 속하여 떼를 지어 나가서 싸우
는 자라

12 족장의 총수가 이천육백 명이니 모두
큰 용사요

13 그의 휘하의 군대가 삼십만 칠천오백
명이라 건장하고 싸움에 능하여 왕을 도
와 적을 치는 자이며

14 웃시야가 그의 온 군대를 위하여 방패
와 창과 투구와 갑옷과 활과 물매 돌을 준
비하고

15 또 예루살렘에서 재주 있는 사람들에
게 무기를 고안하게 하여 망대와 성곽 위
에 두어 화살과 큰 돌을 쏘고 던지게 하였
으니 그의 이름이 멀리 퍼짐은 기이한 도
우심을 얻어 강성하여짐이었더라

웃시야에게 나병이 생기다

16 그가 강성하여지매 그의 마음이 교만
하여 악을 행하여 그의 하나님 여호와께
범죄하되 곧 여호와의 성전에 들어가서
향단에 분향하려 한지라

17 제사장 아사랴가 여호와의 용맹한 제
사장 팔십 명을 데리고 그의 뒤를 따라 들
어가서

18 웃시야 왕 곁에 서서 그에게 이르되 웃
시야여 여호와께 분향하는 일은 왕이 할

11

12

13

14

15

웃시야에게 나병이 생기다

16

17

18

바가 아니요 오직 분향하기 위하여 구별
함을 받은 아론의 자손 제사장들이 할 바
니 성소에서 나가소서 왕이 범죄하였으
니 하나님 여호와에게서 영광을 얻지 못
하리이다

19 웃시야가 손으로 향로를 잡고 분향하
려 하다가 화를 내니 그가 제사장에게 화
를 낼 때에 여호와의 전 안 향단 곁 제사장
들 앞에서 그의 이마에 나병이 생긴지라

20 대제사장 아사랴와 모든 제사장이 왕
의 이마에 나병이 생겼음을 보고 성전에
서 급히 쫓아내고 여호와께서 치시므로
왕도 속히 나가니라

21 웃시야 왕이 죽는 날까지 나병환자가
되었고 나병환자가 되매 여호와의 전에
서 끊어져 별궁에 살았으므로 그의 아들
요담이 왕궁을 관리하며 백성을 다스렸
더라

22 웃시야의 남은 시종 행적은 아모스의
아들 선지자 이사야가 기록하였더라

23 웃시야가 그의 조상들과 함께 누우매
그는 나병환자라 하여 왕들의 묘실에 접
한 땅 곧 그의 조상들의 곁에 장사하니라
그의 아들 요담이 대신하여 왕이 되니라

유다 왕 요담(왕하 15:32-38)

27 요담이 왕위에 오를 때에 나이가
이십오 세라 예루살렘에서 십육
년 동안 다스리니라 그의 어머니의 이름
은 여루사요 사독의 딸이더라

2 요담이 그의 아버지 웃시야의 모든 행

19

20

21

22

23

유다 왕 요담(왕하 15:32-38)

27

2

위대로 여호와 보시기에 정직하게 행하
였으나 여호와의 성전에는 들어가지 아
니하였고 백성은 여전히 부패하였더라

3 그가 여호와의 전 윗문을 건축하고 또
오벨 성벽을 많이 증축하고

4 유다 산중에 성읍들을 건축하며 수풀
가운데에 견고한 진영들과 망대를 건축
하고

5 암몬 자손의 왕과 더불어 싸워 그들을
이겼더니 그 해에 암몬 자손이 은 백 달란
트와 밀 만 고르와 보리 만 고르를 바쳤고
제이년과 제삼년에도 암몬 자손이 그와
같이 바쳤더라

6 요담이 그의 하나님 여호와 앞에서 바
른 길을 걸었으므로 점점 강하여졌더라

7 요담의 남은 사적과 그의 모든 전쟁과
행위는 이스라엘과 유다 열왕기에 기록
되니라

8 요담이 왕위에 오를 때에 나이가 이십
오 세요 예루살렘에서 다스린 지 십육 년
이라

9 그가 그의 조상들과 함께 누우매 다윗
성에 장사되고 그의 아들 아하스가 대신
하여 왕이 되니라

유다 왕 아하스(왕하 16:1-5)

28 아하스가 왕위에 오를 때에 나이
가 이십 세라 예루살렘에서 십육
년 동안 다스렸으나 그의 조상 다윗과 같
지 아니하여 여호와 보시기에 정직하게
행하지 아니하고

3

4

5

6

7

8

9

유다 왕 아하스(왕하 16:1-5)

28

2 이스라엘 왕들의 길로 행하여 바알들
의 우상을 부어 만들고

3 또 힌놈의 아들 골짜기에서 분향하고
여호와께서 이스라엘 자손 앞에서 쫓아
내신 이방 사람들의 가증한 일을 본받아
그의 자녀들을 불사르고

4 또 산당과 작은 산 위와 모든 푸른 나
무 아래에서 제사를 드리며 분향하니라

5 그러므로 그의 하나님 여호와께서 그
를 아람 왕의 손에 넘기시매 그들이 쳐서
심히 많은 무리를 사로잡아 다메섹으로
갔으며 또 이스라엘 왕의 손에 넘기시매
그가 쳐서 크게 살륙하였으니

6 이는 그의 조상들의 하나님 여호와를
버렸음이라 르말랴의 아들 베가가 유다
에서 하루 동안에 용사 십이만 명을 죽였
으며

7 에브라임의 용사 시그리는 왕의 아들
마아세야와 궁내대신 아스리감과 총리대
신 엘가나를 죽였더라

선지자 오뎃

8 이스라엘 자손이 그들의 형제 중에서
그들의 아내와 자녀를 합하여 이십만 명
을 사로잡고 그들의 재물을 많이 노략하
여 사마리아로 가져가니

9 그 곳에 여호와의 선지자가 있는데 이
름은 오뎃이라 그가 사마리아로 돌아오
는 군대를 영접하고 그들에게 이르되 너
희 조상의 하나님 여호와께서 유다에게
진노하셨으므로 너희 손에 넘기셨거늘

2

3

4

5

6

7

선지자 오뎃

8

9

너희의 노기가 충천하여 살륙하고
10 이제 너희가 또 유다와 예루살렘 백성
들을 압제하여 노예로 삼고자 생각하는
도다 그러나 너희는 너희의 하나님 여호
와께 범죄함이 없느냐
11 그런즉 너희는 내 말을 듣고 너희의 형
제들 중에서 사로잡아 온 포로를 놓아 돌
아가게 하라 여호와의 진노가 너희에게
임박하였느니라 한지라
12 에브라임 자손의 우두머리 몇 사람 곧
요하난의 아들 아사랴와 무실레못의 아
들 베레갸와 살룸의 아들 여히스기야와
하들래의 아들 아마사가 일어나서 전장
에서 돌아오는 자들을 막으며
13 그들에게 이르되 너희는 이 포로를 이
리로 끌어들이지 못하리라 너희가 행하
는 일이 우리를 여호와께 허물이 있게 함
이니 우리의 죄와 허물을 더하게 함이로
다 우리의 허물이 이미 커서 진노하심이
이스라엘에게 임박하였느니라 하매
14 이에 무기를 가진 사람들이 포로와 노
략한 물건을 방백들과 온 회중 앞에 둔지
라
15 이 위에 이름이 기록된 자들이 일어나
서 포로를 맞고 노략하여 온 것 중에서 옷
을 가져다가 벗은 자들에게 입히며 신을
신기며 먹이고 마시게 하며 기름을 바르
고 그 약한 자들은 모두 나귀에 태워 데리
고 종려나무 성 여리고에 이르러 그의 형
제에게 돌려준 후에 사마리아로 돌아갔

10

11

12

13

14

15

더라

아하스가 앗수르에 도움을 구하다(왕하 16:7-9)

16 **그 때에 아하스 왕이 앗수르 왕에게 사**
람을 보내어 도와 주기를 구하였으니

17 **이는 에돔 사람들이 다시 와서 유다를**
치고 그의 백성을 사로잡았음이며

18 **블레셋 사람들도 유다의 평지와 남방**
성읍들을 침노하여 벧세메스와 아얄론과
그데롯과 소고 및 그 주변 마을들과 딤나
및 그 주변 마을들과 김소 및 그 주변 마
을들을 점령하고 거기에 살았으니

19 **이는 이스라엘 왕 아하스가 유다에서**
망령되이 행하여 여호와께 크게 범죄하
였으므로 여호와께서 유다를 낮추심이라

20 **앗수르 왕 디글랏빌레셀이 그에게 이**
르렀으나 돕지 아니하고 도리어 그를 공
격하였더라

21 **아하스가 여호와의 전과 왕궁과 방백**
들의 집에서 재물을 가져다가 앗수르 왕
에게 주었으나 그에게 유익이 없었더라

아하스의 범죄

22 **이 아하스 왕이 곤고할 때에 더욱 여호**
와께 범죄하여

23 **자기를 친 다메섹 신들에게 제사하여**
이르되 아람 왕들의 신들이 그들을 도왔
으니 나도 그 신에게 제사하여 나를 돕게
하리라 하였으나 그 신이 아하스와 온 이
스라엘을 망하게 하였더라

24 **아하스가 하나님의 전의 기구들을 모**
아 하나님의 전의 기구들을 부수고 또 여

아하스가 앗수르에 도움을 구하다(왕하 16:7-9)

16

17

18

19

20

21

아하스의 범죄

22

23

24

호와의 전 문들을 닫고 예루살렘 구석마
다 제단을 쌓고

25 유다 각 성읍에 산당을 세워 다른 신에
게 분향하여 그의 조상들의 하나님 여호
와를 진노하게 하였더라

26 아하스의 남은 시종 사적과 모든 행위
는 유다와 이스라엘 열왕기에 기록되니
라

27 아하스가 그의 조상들과 함께 누우매
이스라엘 왕들의 묘실에 들이지 아니하
고 예루살렘 성에 장사하였더라 그의 아
들 히스기야가 대신하여 왕이 되니라

유다 왕 히스기야의 성전 정화(왕하 18:1-3)

29 히스기야가 왕위에 오를 때에 나
이가 이십오 세라 예루살렘에서
이십구 년 동안 다스리니라 그의 어머니
의 이름은 아비야요 스가랴의 딸이더라

2 히스기야가 그의 조상 다윗의 모든 행
실과 같이 여호와 보시기에 정직하게 행
하여

3 첫째 해 첫째 달에 여호와의 전 문들을
열고 수리하고

4 제사장들과 레위 사람들을 동쪽 광장
에 모으고

5 그들에게 이르되 레위 사람들아 내 말
을 들으라 이제 너희는 성결하게 하고 또
너희 조상들의 하나님 여호와의 전을 성
결하게 하여 그 더러운 것을 성소에서 없
애라

6 우리 조상들이 범죄하여 우리 하나님

25

26

27

유다 왕 히스기야의 성전 정화(왕하 18:1-3)

29

2

3

4

5

6

여호와 보시기에 악을 행하여 하나님을
버리고 얼굴을 돌려 여호와의 성소를 등
지고
7 또 낭실 문을 닫으며 등불을 끄고 성소
에서 분향하지 아니하며 이스라엘의 하
나님께 번제를 드리지 아니하므로
8 여호와께서 유다와 예루살렘에 진노
하시고 내버리사 두려움과 놀람과 비웃
음거리가 되게 하신 것을 너희가 똑똑히
보는 바라
9 이로 말미암아 우리의 조상들이 칼에
엎드러지며 우리의 자녀와 아내들이 사
로잡혔느니라
10 이제 이스라엘의 하나님 여호와와 더
불어 언약을 세워 그 맹렬한 노를 우리에
게서 떠나게 할 마음이 내게 있노니
11 내 아들들아 이제는 게으르지 말라 여
호와께서 이미 너희를 택하사 그 앞에 서
서 수종들어 그를 섬기며 분향하게 하셨
느니라
12 이에 레위 사람들이 일어나니 곧 그핫
의 자손 중 아마새의 아들 마핫과 아사랴
의 아들 요엘과 므라리의 자손 중 압디의
아들 기스와 여할렐렐의 아들 아사랴와
게르손 사람 중 심마의 아들 요아와 요아
의 아들 에덴과
13 엘리사반의 자손 중 시므리와 여우엘
과 아삽의 자손 중 스가랴와 맛다냐와
14 헤만의 자손 중 여후엘과 시므이와 여
두둔의 자손 중 스마야와 웃시엘이라

7

8

9

10

11

12

13

14

15 그들이 그들의 형제들을 모아 성결하
게 하고 들어가서 왕이 여호와의 말씀대
로 명령한 것을 따라 여호와의 전을 깨끗
하게 할새

16 제사장들도 여호와의 전 안에 들어가
서 깨끗하게 하여 여호와의 전에 있는 모
든 더러운 것을 끌어내어 여호와의 전 뜰
에 이르매 레위 사람들이 받아 바깥 기드
론 시내로 가져갔더라

17 첫째 달 초하루에 성결하게 하기를 시
작하여 그 달 초팔일에 여호와의 낭실에
이르고 또 팔 일 동안 여호와의 전을 성결
하게 하여 첫째 달 십육 일에 이르러 마치
고

18 안으로 들어가서 히스기야 왕을 보고
이르되 우리가 여호와의 온 전과 번제단
과 그 모든 그릇들과 떡을 진설하는 상과
그 모든 그릇들을 깨끗하게 하였고

19 또 아하스 왕이 왕위에 있어 범죄할 때
에 버린 모든 그릇들도 우리가 정돈하고
성결하게 하여 여호와의 제단 앞에 두었
나이다 하니라

성전의 일이 갖추어지다

20 히스기야 왕이 일찍이 일어나 성읍의
귀인들을 모아 여호와의 전에 올라가서

21 수송아지 일곱 마리와 숫양 일곱 마리
와 어린 양 일곱 마리와 숫염소 일곱 마리
를 끌어다가 나라와 성소와 유다를 위하
여 속죄제물로 삼고 아론의 자손 제사장
들을 명령하여 여호와의 제단에 드리게

15

16

17

18

19

성전의 일이 갖추어지다

20

21

하니

22 이에 수소를 잡으매 제사장들이 그 피
를 받아 제단에 뿌리고 또 숫양들을 잡으
매 그 피를 제단에 뿌리고 또 어린 양들을
잡으매 그 피를 제단에 뿌리고

23 이에 속죄제물로 드릴 숫염소들을 왕
과 회중 앞으로 끌어오매 그들이 그 위에
안수하고

24 제사장들이 잡아 그 피를 속죄제로 삼
아 제단에 드려 온 이스라엘을 위하여 속
죄하니 이는 왕이 명령하여 온 이스라엘
을 위하여 번제와 속죄제를 드리게 하였
음이더라

25 왕이 레위 사람들을 여호와의 전에 두
어서 다윗과 왕의 선견자 갓과 선지자 나
단이 명령한 대로 제금과 비파와 수금을
잡게 하니 이는 여호와께서 그의 선지자
들로 이렇게 명령하셨음이라

26 레위 사람은 다윗의 악기를 잡고 제사
장은 나팔을 잡고 서매

27 히스기야가 명령하여 번제를 제단에
드릴새 번제 드리기를 시작하는 동시에
여호와의 시로 노래하고 나팔을 불며 이
스라엘 왕 다윗의 악기를 울리고

28 온 회중이 경배하며 노래하는 자들은 노
래하고 나팔 부는 자들은 나팔을 불어 번제
를 마치기까지 이르니라

29 제사 드리기를 마치매 왕과 그와 함께
있는 자들이 다 엎드려 경배하니라

30 히스기야 왕이 귀인들과 더불어 레위

22

23

24

25

26

27

28

29

30

사람을 명령하여 다윗과 선견자 아삽의
시로 여호와를 찬송하게 하매 그들이 즐
거움으로 찬송하고 몸을 굽혀 예배하니라

31 이에 히스기야가 말하여 이르되 너희
가 이제 스스로 몸을 깨끗하게 하여 여호
와께 드렸으니 마땅히 나아와 제물과 감
사제물을 여호와의 전으로 가져오라 하
니 회중이 제물과 감사제물을 가져오되
무릇 마음에 원하는 자는 또한 번제물도
가져오니

32 회중이 가져온 번제물의 수효는 수소
가 칠십 마리요 숫양이 백 마리요 어린 양
이 이백 마리이니 이는 다 여호와께 번제
물로 드리는 것이며

33 또 구별하여 드린 소가 육백 마리요 양
이 삼천 마리라

34 그런데 제사장이 부족하여 그 모든 번
제 짐승들의 가죽을 능히 벗기지 못하는
고로 그의 형제 레위 사람들이 그 일을 마
치기까지 돕고 다른 제사장들이 성결하
게 하기까지 기다렸으니 이는 레위 사람
들의 성결하게 함이 제사장들보다 성심
이 있었음이라

35 번제와 화목제의 기름과 각 번제에 속
한 전제들이 많더라 이와 같이 여호와의
전에서 섬기는 일이 순서대로 갖추어지
니라

36 이 일이 갑자기 되었으나 하나님께서
백성을 위하여 예비하셨으므로 히스기야
가 백성과 더불어 기뻐하였더라

31

32

33

34

35

36

유월절 준비

30 히스기야가 온 이스라엘과 유다
에 사람을 보내고 또 에브라임과
므낫세에 편지를 보내어 예루살렘 여호
와의 전에 와서 이스라엘 하나님 여호와
를 위하여 유월절을 지키라 하니라

2 왕이 방백들과 예루살렘 온 회중과 더
불어 의논하고 둘째 달에 유월절을 지키
려 하였으니

3 이는 성결하게 한 제사장들이 부족하
고 백성도 예루살렘에 모이지 못하였으
므로 그 정한 때에 지킬수 없었음이라

4 왕과 온 회중이 이 일을 좋게 여기고

5 드디어 왕이 명령을 내려 브엘세바에
서부터 단까지 온 이스라엘에 공포하여
일제히 예루살렘으로 와서 이스라엘 하
나님 여호와의 유월절을 지키라 하니 이
는 기록한 규례대로 오랫동안 지키지 못
하였음이더라

6 보발꾼들이 왕과 방백들의 편지를 받
아 가지고 왕의 명령을 따라 온 이스라엘
과 유다에 두루 다니며 전하니 일렀으되
이스라엘 자손들아 너희는 아브라함과
이삭과 이스라엘의 하나님 여호와께로
돌아오라 그리하면 그가 너희 남은 자 곧
앗수르 왕의 손에서 벗어난 자에게로 돌
아오시리라

7 너희 조상들과 너희 형제 같이 하지 말
라 그들은 그의 조상들의 하나님 여호와
께 범죄하였으므로 여호와께서 멸망하도

유월절 준비

30

2

3

4

5

6

7

록 버려 두신 것을 너희가 똑똑히 보는 바
니라

8 그런즉 너희 조상들 같이 목을 곧게 하
지 말고 여호와께 돌아와 영원히 거룩하
게 하신 전에 들어가서 너희 하나님 여호
와를 섬겨 그의 진노가 너희에게서 떠나
게 하라

9 너희가 만일 여호와께 돌아오면 너희
형제들과 너희 자녀가 사로잡은 자들에
게서 자비를 입어 다시 이 땅으로 돌아오
리라 너희 하나님 여호와는 은혜로우시
고 자비하신지라 너희가 그에게로 돌아
오면 그의 얼굴을 너희에게서 돌이키지
아니하시리라 하였더라

10 보발꾼이 에브라임과 므낫세 지방 각
성읍으로 두루 다녀서 스불론까지 이르
렀으나 사람들이 그들을 조롱하며 비웃
었더라

11 그러나 아셀과 므낫세와 스불론 중에
서 몇 사람이 스스로 겸손한 마음으로 예
루살렘에 이르렀고

12 하나님의 손이 또한 유다 사람들을 감
동시키사 그들에게 왕과 방백들이 여호
와의 말씀대로 전한 명령을 한 마음으로
준행하게 하셨더라

유월절을 성대히 지키다

13 둘째 달에 백성이 무교절을 지키려 하
여 예루살렘에 많이 모이니 매우 큰 모임
이라

14 무리가 일어나 예루살렘에 있는 제단

8

9

10

11

12

유월절을 성대히 지키다

13

14

과 향단들을 모두 제거하여 기드론 시내
에 던지고

15 둘째 달 열넷째 날에 유월절 양을 잡으
니 제사장과 레위 사람이 부끄러워하여
성결하게 하고 번제물을 가지고 여호와
의 전에 이르러

16 규례대로 각각 자기들의 처소에 서고
하나님의 사람 모세의 율법을 따라 제사
장들이 레위 사람의 손에서 피를 받아 뿌
리니라

17 회중 가운데 많은 사람이 자신들을 성
결하게 하지 못하였으므로 레위 사람들
이 모든 부정한 사람을 위하여 유월절 양
을 잡아 그들로 여호와 앞에서 성결하게
하였으나

18 에브라임과 므낫세와 잇사갈과 스불
론의 많은 무리는 자기들을 깨끗하게 하
지 아니하고 유월절 양을 먹어 기록한 규
례를 어긴지라 히스기야가 그들을 위하
여 기도하여 이르되 선하신 여호와여 사
하옵소서

19 결심하고 하나님 곧 그의 조상들의 하
나님 여호와를 구하는 사람은 누구든지
비록 성소의 결례대로 스스로 깨끗하게
못하였을지라도 사하옵소서 하였더니

20 여호와께서 히스기야의 기도를 들으
시고 백성을 고치셨더라

21 예루살렘에 모인 이스라엘 자손이 크
게 즐거워하며 칠 일 동안 무교절을 지켰
고 레위 사람들과 제사장들은 날마다 여

호와를 칭송하며 큰 소리 나는 악기를 울
려 여호와를 찬양하였으며
22 히스기야는 여호와를 섬기는 일에 능
숙한 모든 레위 사람들을 위로하였더라
이와 같이 절기 칠 일 동안에 무리가 먹으
며 화목제를 드리고 그의 조상들의 하나
님 여호와께 감사하였더라

두 번째 절기

23 온 회중이 다시 칠 일을 지키기로 결의
하고 이에 또 칠 일을 즐겁게 지켰더라
24 유다 왕 히스기야가 수송아지 천 마리
와 양 칠천 마리를 회중에게 주었고 방백
들은 수송아지 천 마리와 양 만 마리를 회
중에게 주었으며 자신들을 성결하게 한
제사장들도 많았더라
25 유다 온 회중과 제사장들과 레위 사람
들과 이스라엘에서 온 모든 회중과 이스
라엘 땅에서 나온 나그네들과 유다에 사
는 나그네들이 다 즐거워하였으므로
26 예루살렘에 큰 기쁨이 있었으니 이스
라엘 왕 다윗의 아들 솔로몬 때로부터 이
러한 기쁨이 예루살렘에 없었더라
27 그 때에 제사장들과 레위 사람들이 일
어나서 백성을 위하여 축복하였으니 그
소리가 하늘에 들리고 그 기도가 여호와
의 거룩한 처소 하늘에 이르렀더라

히스기야의 개혁

31 이 모든 일이 끝나매 거기에 있는
이스라엘 무리가 나가서 유다 여러
성읍에 이르러 주상들을 깨뜨리며 아세

22
두 번째 절기
23
24
25
26
27
히스기야의 개혁
31

라 목상들을 찍으며 유다와 베냐민과 에
브라임과 므낫세 온 땅에서 산당들과 제
단들을 제거하여 없애고 이스라엘 모든
자손이 각각 자기들의 본성 기업으로 돌
아갔더라

2 히스기야가 제사장들과 레위 사람들
의 반열을 정하고 그들의 반열에 따라 각
각 그들의 직임을 행하게 하되 곧 제사장
들과 레위 사람들에게 번제와 화목제를
드리며 여호와의 휘장 문에서 섬기며 감
사하며 찬송하게 하고

3 또 왕의 재산 중에서 얼마를 정하여 여
호와의 율법에 기록된 대로 번제 곧 아침
과 저녁의 번제와 안식일과 초하루와 절
기의 번제에 쓰게 하고

4 또 예루살렘에 사는 백성을 명령하여
제사장들과 레위 사람들 몫의 음식을 주어
그들에게 여호와의 율법을 힘쓰게 하라 하
니라

5 왕의 명령이 내리자 곧 이스라엘 자손
이 곡식과 포도주와 기름과 꿀과 밭의 모
든 소산의 첫 열매들을 풍성히 드렸고 또
모든 것의 십일조를 많이 가져왔으며

6 유다 여러 성읍에 사는 이스라엘과 유
다 자손들도 소와 양의 십일조를 가져왔
고 또 그들의 하나님 여호와께 구별하여
드릴 성물의 십일조를 가져왔으며 그것
을 쌓아 여러 더미를 이루었는데

7 셋째 달에 그 더미들을 쌓기 시작하여
일곱째 달에 마친지라

2

3

4

5

6

7

8 히스기야와 방백들이 와서 쌓인 더미
들을 보고 여호와를 송축하고 그의 백성
이스라엘을 위하여 축복하니라

9 히스기야가 그 더미들에 대하여 제사
장들과 레위 사람들에게 물으니

10 사독의 족속 대제사장 아사랴가 그에
게 대답하여 이르되 백성이 예물을 여호
와의 전에 드리기 시작함으로부터 우리
가 만족하게 먹었으나 남은 것이 많으니
이는 여호와께서 그의 백성에게 복을 주
셨음이라 그 남은 것이 이렇게 많이 쌓였
나이다

11 그 때에 히스기야가 명령하여 여호와
의 전 안에 방들을 준비하라 하므로 그렇
게 준비하고

12 성심으로 그 예물과 십일조와 구별한
물건들을 갖다 두고 레위 사람 고나냐가
그 일의 책임자가 되고 그의 아우 시므이
는 부책임자가 되며

13 여히엘과 아사시야와 나핫과 아사헬
과 여리못과 요사밧과 엘리엘과 이스마
갸와 마핫과 브나야는 고나냐와 그의 아
우 시므이의 수하에서 보살피는 자가 되
니 이는 히스기야 왕과 하나님의 전을 관
리하는 아사랴가 명령한 바이며

14 동문지기 레위 사람 임나의 아들 고레
는 즐거이 하나님께 드리는 예물을 맡아
여호와께 드리는 것과 모든 지성물을 나
눠 주며

15 그의 수하의 에덴과 미냐민과 예수아

와 스마야와 아마랴와 스가냐는 제사장
들의 성읍들에 있어서 직임을 맡아 그의
형제들에게 반열대로 대소를 막론하고
나눠 주되

16 **삼 세 이상으로 족보에 기록된 남자 외**
에 날마다 여호와의 전에 들어가서 그 반
열대로 직무에 수종드는 자들에게 다 나
눠 주며

17 **또 그들의 족속대로 족보에 기록된 제**
사장들에게 나눠 주며 이십세 이상에서
그 반열대로 직무를 맡은 레위 사람들에
게 나눠 주며

18 **또 그 족보에 기록된 온 회중의 어린**
아이들 아내들 자녀들에게 나눠 주었으
니 이 회중은 성결하고 충실히 그 직분을
다하는 자며

19 **각 성읍에서 등록된 사람이 있어 성읍**
가까운 들에 사는 아론 자손 제사장들에
게도 나눠 주되 제사장들의 모든 남자와
족보에 기록된 레위 사람들에게 나눠 주
었더라

20 **히스기야가 온 유다에 이같이 행하되**
그의 하나님 여호와 보시기에 선과 정의
와 진실함으로 행하였으니

21 **그가 행하는 모든 일 곧 하나님의 전에**
수종드는 일에나 율법에나 계명에나 그
의 하나님을 찾고 한 마음으로 행하여 형
통하였더라

앗수르 군대가 예루살렘을 위협하다

(왕하 18:13-37; 19:14-19,35-37; 사 36:1-22;37:8-38)

16
17
18
19
20
21
앗수르 군대가 예루살렘을 위협하다
(왕하 18:13-37; 19:14-19,35-37; 사 36:1-22;37:8-38)

32 이 모든 충성된 일을 한 후에 앗수
르 왕 산헤립이 유다에 들어와서
견고한 성읍들을 향하여 진을 치고 쳐서
점령하고자 한지라

2 히스기야가 산헤립이 예루살렘을 치
러 온 것을 보고

3 그의 방백들과 용사들과 더불어 의논
하고 성 밖의 모든 물 근원을 막고자 하매
그들이 돕더라

4 이에 백성이 많이 모여 모든 물 근원과
땅으로 흘러가는 시내를 막고 이르되 어
찌 앗수르 왕들이 와서 많은 물을 얻게 하
리요 하고

5 히스기야가 힘을 내어 무너진 모든 성
벽을 보수하되 망대까지 높이 쌓고 또 외
성을 쌓고 다윗 성의 밀로를 견고하게 하
고 무기와 방패를 많이 만들고

6 군대 지휘관들을 세워 백성을 거느리
게 하고 성문 광장에서 자기 앞에 무리를
모으고 말로 위로하여 이르되

7 너희는 마음을 강하게 하며 담대히 하
고 앗수르 왕과 그를 따르는 온 무리로 말
미암아 두려워하지 말며 놀라지 말라 우
리와 함께 하시는 이가 그와 함께 하는 자
보다 크니

8 그와 함께 하는 자는 육신의 팔이요 우
리와 함께 하시는 이는 우리의 하나님 여
호와시라 반드시 우리를 도우시고 우리
를 대신하여 싸우시리라 하매 백성이 유
다 왕 히스기야의 말로 말미암아 안심하

32

2

3

4

5

6

7

8

니라

9 그 후에 앗수르 왕 산헤립이 그의 온
군대를 거느리고 라기스를 치며 그의 신
하들을 예루살렘에 보내어 유다 왕 히스
기야와 예루살렘에 있는 유다 무리에게
말하여 이르기를

10 앗수르 왕 산헤립은 이같이 말하노라
너희가 예루살렘에 에워싸여 있으면서
무엇을 의뢰하느냐

11 히스기야가 너희를 꾀어 이르기를 우
리 하나님 여호와께서 우리를 앗수르 왕
의 손에서 건져내시리라 하거니와 이 어
찌 너희를 주림과 목마름으로 죽게 함이
아니냐

12 이 히스기야가 여호와의 산당들과 제
단들을 제거하여 버리고 유다와 예루살렘
에 명령하여 이르기를 너희는 다만 한 제
단 앞에서 예배하고 그 위에 분향하라 하
지 아니하였느냐

13 나와 내 조상들이 이방 모든 백성들에
게 행한 것을 너희가 알지 못하느냐 모든
나라의 신들이 능히 그들의 땅을 내 손에
서 건져낼 수 있었느냐

14 내 조상들이 진멸한 모든 나라의 그 모
든 신들 중에 누가 능히 그의 백성을 내
손에서 건져내었기에 너희 하나님이 능
히 너희를 내 손에서 건지겠느냐

15 그런즉 이와 같이 너희는 히스기야에
게 속지 말라 꾀임을 받지 말라 그를 믿지
도 말라 어떤 백성이나 어떤 나라의 신도

능히 자기의 백성을 나의 손과 나의 조상
들의 손에서 건져내지 못하였나니 하물
며 너희 하나님이 너희를 내 손에서 건져
내겠느냐 하였더라

16 산헤립의 신하들도 더욱 여호와 하나
님과 그의 종 히스기야를 비방하였으며

17 산헤립이 또 편지를 써 보내어 이스라
엘 하나님 여호와를 욕하고 비방하여 이
르기를 모든 나라의 신들이 그들의 백성
을 내 손에서 구원하여 내지 못한 것 같이
히스기야의 신들도 그의 백성을 내 손에
서 구원하여 내지 못하리라 하고

18 산헤립의 신하가 유다 방언으로 크게
소리 질러 예루살렘 성 위에 있는 백성을
놀라게 하고 괴롭게 하여 그 성을 점령하
려 하였는데

19 그들이 예루살렘의 하나님을 비방하
기를 사람의 손으로 지은 세상 사람의 신
들을 비방하듯 하였더라

20 이러므로 히스기야 왕이 아모스의 아
들 선지자 이사야와 더불어 하늘을 향하
여 부르짖어 기도하였더니

21 여호와께서 한 천사를 보내어 앗수르
왕의 진영에서 모든 큰 용사와 대장과 지
휘관들을 멸하신지라 앗수르 왕이 낯이
뜨거워 그의 고국으로 돌아갔더니 그의
신의 전에 들어갔을 때에 그의 몸에서 난
자들이 거기서 칼로 죽였더라

22 이와 같이 여호와께서 히스기야와 예
루살렘 주민을 앗수르 왕 산헤립의 손과

16

17

18

19

20

21

22

모든 적국의 손에서 구원하여 내사 사면으로 보호하시매

23 여러 사람이 예물을 가지고 예루살렘에 와서 여호와께 드리고 또 보물을 유다 왕 히스기야에게 드린지라 이 후부터 히스기야가 모든 나라의 눈에 존귀하게 되었더라

히스기야의 병과 교만

(왕하 20:1-3, 12-19; 사 38:1-3; 39:1-8)

24 그 때에 히스기야가 병들어 죽게 되었으므로 여호와께 기도하매 여호와께서 그에게 대답하시고 또 이적을 보이셨으나

25 히스기야가 마음이 교만하여 그 받은 은혜를 보답하지 아니하므로 진노가 그와 유다와 예루살렘에 내리게 되었더니

26 히스기야가 마음의 교만함을 뉘우치고 예루살렘 주민들도 그와 같이 하였으므로 여호와의 진노가 히스기야의 생전에는 그들에게 내리지 아니하니라

히스기야의 부와 영광

27 히스기야가 부와 영광이 지극한지라 이에 은금과 보석과 향품과 방패와 온갖 보배로운 그릇들을 위하여 창고를 세우며

28 곡식과 새 포도주와 기름의 산물을 위하여 창고를 세우며 온갖 짐승의 외양간을 세우며 양 떼의 우리를 갖추며

29 양 떼와 많은 소 떼를 위하여 성읍들을 세웠으니 이는 하나님이 그에게 재산을 심히 많이 주셨음이며

30 이 히스기야가 또 기혼의 윗샘물을 막

23

히스기야의 병과 교만

(왕하 20:1-3, 12-19; 사 38:1-3; 39:1-8)

24

25

26

히스기야의 부와 영광

27

28

29

30

아 그 아래로부터 다윗 성 서쪽으로 곧게
끌어들였으니 히스기야가 그의 모든 일
에 형통하였더라

31 그러나 바벨론 방백들이 히스기야에
게 사신을 보내어 그 땅에서 나타난 이적
을 물을 때에 하나님이 히스기야를 떠나
시고 그의 심중에 있는 것을 다 알고자 하
사 시험하셨더라

31

히스기야가 죽다(왕하 20:20-21)

히스기야가 죽다(왕하 20:20-21)

32 히스기야의 남은 행적과 그의 모든 선
한 일은 아모스의 아들 선지자 이사야의
묵시 책과 유다와 이스라엘 열왕기에 기
록되니라

32

33 히스기야가 그의 조상들과 함께 누우
매 온 유다와 예루살렘 주민이 그를 다윗
자손의 묘실 중 높은 곳에 장사하여 그의
죽음에 그에게 경의를 표하였더라 그의
아들 므낫세가 대신하여 왕이 되니라

33

유다 왕 므낫세(왕하 21:1-9)

유다 왕 므낫세(왕하 21:1-9)

33 므낫세가 왕위에 오를 때에 나이가
십이 세라 예루살렘에서 오십오 년
동안 다스리며

33

2 여호와 보시기에 악을 행하여 여호와
께서 이스라엘 자손 앞에서 쫓아내신 이
방 사람들의 가증한 일을 본받아

2

3 그의 아버지 히스기야가 헐어 버린 산
당을 다시 세우며 바알들을 위하여 제단
을 쌓으며 아세라 목상을 만들며 하늘의
모든 일월성신을 경배하여 섬기며

3

4 여호와께서 전에 이르시기를 내가 내

4

이름을 예루살렘에 영원히 두리라 하신
여호와의 전에 제단들을 쌓고

5 또 여호와의 전 두 마당에 하늘의 일월
성신을 위하여 제단들을 쌓고

6 또 힌놈의 아들 골짜기에서 그의 아들
들을 불 가운데로 지나가게 하며 또 점치
며 사술과 요술을 행하며 신접한 자와 박
수를 신임하여 여호와 보시기에 악을 많
이 행하여 여호와를 진노하게 하였으며

7 또 자기가 만든 아로새긴 목상을 하나
님의 전에 세웠더라 옛적에 하나님이 이
성전에 대하여 다윗과 그의 아들 솔로몬
에게 이르시기를 내가 이스라엘 모든 지
파 중에서 택한 이 성전과 예루살렘에 내
이름을 영원히 둘지라

8 만일 이스라엘 사람이 내가 명령한 일
들 곧 모세를 통하여 전한 모든 율법과 율
례와 규례를 지켜 행하면 내가 그들의 발
로 다시는 그의 조상들에게 정하여 준 땅
에서 옮기지 않게 하리라 하셨으나

9 유다와 예루살렘 주민이 므낫세의 꾀
임을 받고 악을 행한 것이 여호와께서 이
스라엘 자손 앞에서 멸하신 모든 나라보다
더욱 심하였더라

므낫세가 기도하다

10 여호와께서 므낫세와 그의 백성에게
이르셨으나 그들이 듣지 아니하므로

11 여호와께서 앗수르 왕의 군대 지휘관
들이 와서 치게 하시매 그들이 므낫세를
사로잡고 쇠사슬로 결박하여 바벨론으로

5

6

7

8

9

므낫세가 기도하다

10

11

끌고 간지라

12 그가 환난을 당하여 그의 하나님 여호
와께 간구하고 그의 조상들의 하나님 앞
에 크게 겸손하여

13 기도하였으므로 하나님이 그의 기도
를 받으시며 그의 간구를 들으시사 그가
예루살렘에 돌아와서 다시 왕위에 앉게
하시매 므낫세가 그제서야 여호와께서
하나님이신 줄을 알았더라

므낫세가 죽다(왕하 21:17-18)

14 그 후에 다윗 성 밖 기혼 서쪽 골짜기
안에 외성을 쌓되 어문 어귀까지 이르러
오벨을 둘러 매우 높이 쌓고 또 유다 모든
견고한 성읍에 군대 지휘관을 두며

15 이방 신들과 여호와의 전의 우상을 제
거하며 여호와의 전을 건축한 산에와 예
루살렘에 쌓은 모든 제단들을 다 성 밖에
던지고

16 여호와의 제단을 보수하고 화목제와
감사제를 그 제단 위에 드리고 유다를 명
령하여 이스라엘 하나님 여호와를 섬기
라 하매

17 백성이 그의 하나님 여호와께만 제사
를 드렸으나 아직도 산당에서 제사를 드
렸더라

18 므낫세의 남은 사적과 그가 하나님께
한 기도와 선견자가 이스라엘 하나님 여
호와의 이름으로 권한 말씀은 모두 이스
라엘 왕들의 행장에 기록되었고

19 또 그의 기도와 그의 기도를 들으신 것

12

13

므낫세가 죽다(왕하 21:17-18)

14

15

16

17

18

19

과 그의 모든 죄와 허물과 겸손하기 전에
산당을 세운 곳과 아세라 목상과 우상을
세운 곳들이 다 호새의 사기에 기록되니라
20 므낫세가 그의 열조와 함께 누우매 그
의 궁에 장사되고 그의 아들 아몬이 대신
하여 왕이 되니라

유다 왕 아몬(왕하 21:19-26)

21 아몬이 왕위에 오를 때에 나이가 이십
이 세라 예루살렘에서 이 년 동안 다스리
며
22 그의 아버지 므낫세의 행함 같이 여호
와 보시기에 악을 행하여 아몬이 그의 아
버지 므낫세가 만든 아로새긴 모든 우상
에게 제사하여 섬겼으며
23 이 아몬이 그의 아버지 므낫세가 스스
로 겸손함 같이 여호와 앞에서 스스로 겸
손하지 아니하고 더욱 범죄하더니
24 그의 신하가 반역하여 왕을 궁중에서
죽이매
25 백성들이 아몬 왕을 반역한 사람들을
다 죽이고 그의 아들 요시야를 대신하여
왕으로 삼으니라

유다 왕 요시야의 개혁(왕하 22:1-2)

34 요시야가 왕위에 오를 때에 나이
가 팔 세라 예루살렘에서 삼십일
년 동안 다스리며
2 여호와 보시기에 정직하게 행하여 그
의 조상 다윗의 길로 걷으며 좌우로 치우
치지 아니하고
3 아직도 어렸을 때 곧 왕위에 있은 지

20
유다 왕 아몬(왕하 21:19-26)
21
22
23
24
25
유다 왕 요시야의 개혁(왕하 22:1-2)
34
2
3

팔 년에 그의 조상 다윗의 하나님을 비로
소 찾고 제십이년에 유다와 예루살렘을
비로소 정결하게 하여 그 산당들과 아세
라 목상들과 아로새긴 우상들과 부어 만
든 우상들을 제거하여 버리매

4 무리가 왕 앞에서 바알의 제단들을 헐
었으며 왕이 또 그 제단 위에 높이 달린
태양상들을 찍고 또 아세라 목상들과 아
로새긴 우상들과 부어 만든 우상들을 빻
아 가루를 만들어 제사하던 자들의 무덤
에 뿌리고

5 제사장들의 뼈를 제단 위에서 불살라
유다와 예루살렘을 정결하게 하였으며

6 또 므낫세와 에브라임과 시므온과 납
달리까지 사면 황폐한 성읍들에도 그렇
게 행하여

7 제단들을 허물며 아세라 목상들과 아
로새긴 우상들을 빻아 가루를 만들며 온
이스라엘 땅에 있는 모든 태양상을 찍고
예루살렘으로 돌아왔더라

율법책의 발견(왕하 22:3-20)

8 요시야가 왕위에 있은 지 열여덟째 해
에 그 땅과 성전을 정결하게 하기를 마치
고 그의 하나님 여호와의 전을 수리하려
하여 아살랴의 아들 사반과 시장 마아세
야와 서기관 요아하스의 아들 요아를 보
낸지라

9 그들이 대제사장 힐기야에게 나아가
전에 하나님의 전에 헌금한 돈을 그에게
주니 이 돈은 문을 지키는 레위 사람들이

4

5

6

7

율법책의 발견(왕하 22:3-20)

8

9

므낫세와 에브라임과 남아 있는 모든 이
스라엘 사람과 온 유다와 베냐민과 예루
살렘 주민들에게서 거둔 것이라

10 그 돈을 여호와의 전 공사를 감독하는
자들의 손에 넘기니 그들이 여호와의 전
에 있는 일꾼들에게 주어 그 전을 수리하
게 하되

11 곧 목수들과 건축하는 자들에게 주어
다듬은 돌과 연접하는 나무를 사며 유다
왕들이 헐어버린 성전들을 위하여 들보
를 만들게 하매

12 그 사람들이 성실하게 그 일을 하니라
그의 감독들은 레위 사람들 곧 므라리 자
손 중 야핫과 오바댜요 그핫 자손들 중 스
가랴와 무술람이라 다 그 일을 감독하고
또 악기에 익숙한 레위 사람들이 함께 하
였으며

13 그들은 또 목도꾼을 감독하며 모든 공
사 담당자를 감독하고 어떤 레위 사람은
서기와 관리와 문지기가 되었더라

14 무리가 여호와의 전에 헌금한 돈을 꺼
낼 때에 제사장 힐기야가 모세가 전한 여
호와의 율법책을 발견하고

15 힐기야가 서기관 사반에게 말하여 이
르되 내가 여호와의 전에서 율법책을 발
견하였노라 하고 힐기야가 그 책을 사반
에게 주매

16 사반이 책을 가지고 왕에게 나아가서
복명하여 이르되 왕께서 종들에게 명령
하신 것을 종들이 다 준행하였나이다

10
11
12
13
14
15
16

17 또 여호와의 전에서 발견한 돈을 쏟아
서 감독자들과 일꾼들에게 주었나이다
하고

18 서기관 사반이 또 왕에게 아뢰어 이르
되 제사장 힐기야가 내게 책을 주더이다
하고 사반이 왕 앞에서 그것을 읽으매

19 왕이 율법의 말씀을 듣자 곧 자기 옷을
찢더라

20 왕이 힐기야와 사반의 아들 아히감과
미가의 아들 압돈과 서기관 사반과 왕의
시종 아사야에게 명령하여 이르되

21 너희는 가서 나와 및 이스라엘과 유다
의 남은 자들을 위하여 이 발견한 책의 말
씀에 대하여 여호와께 물으라 우리 조상
들이 여호와의 말씀을 지키지 아니하고
이 책에 기록된 모든 것을 준행하지 아니
하였으므로 여호와께서 우리에게 쏟으신
진노가 크도다 하니라

22 이에 힐기야와 왕이 보낸 사람들이 여
선지자 훌다에게로 나아가니 그는 하스라
의 손자 독핫의 아들로서 예복을 관리하
는 살룸의 아내라 예루살렘 둘째 구역에
살았더라 그들이 그에게 이 뜻을 전하매

23 훌다가 그들에게 이르되 이스라엘의
하나님 여호와께서 이같이 말씀하시기를
너희는 너희를 내게 보낸 사람에게 말하
라 하시니라

24 여호와께서 이같이 말씀하시기를 내
가 이 곳과 그 주민에게 재앙을 내리되 곧
유다 왕 앞에서 읽은 책에 기록된 모든 저

17

18

19

20

21

22

23

24

주대로 하리니

25 이는 이 백성들이 나를 버리고 다른 신
들에게 분향하며 그의 손의 모든 행위로
나의 노여움을 샀음이라 그러므로 나의
노여움을 이 곳에 쏟으매 꺼지지 아니하
리라 하라 하셨느니라

26 너희를 보내어 여호와께 묻게 한 유다
왕에게는 너희가 이렇게 전하라 이스라
엘의 하나님 여호와께서 이같이 말씀하
시기를 네가 들은 말을 의논하건대

27 내가 이 곳과 그 주민을 가리켜 말한
것을 네가 듣고 마음이 연약하여 하나님
앞 곧 내 앞에서 겸손하여 옷을 찢고 통곡
하였으므로 나도 네 말을 들었노라 여호
와가 말하였느니라

28 그러므로 내가 네게 너의 조상들에게
돌아가서 평안히 묘실로 들어가게 하리
니 내가 이 곳과 그 주민에게 내리는 모든
재앙을 네가 눈으로 보지 못하리라 하셨
느니라 이에 사신들이 왕에게 복명하니
라

여호와께 순종하기로 하다(왕하 23:1-20)

29 왕이 사람을 보내어 유다와 예루살렘
의 모든 장로를 불러 모으고

30 여호와의 전에 올라가매 유다 모든 사
람과 예루살렘 주민들과 제사장들과 레
위 사람들과 모든 백성이 노소를 막론하
고 다 함께 한지라 왕이 여호와의 전 안에
서 발견한 언약책의 모든 말씀을 읽어 무
리의 귀에 들려 주고

25

26

27

28

여호와께 순종하기로 하다(왕하 23:1-20)

29

30

31 왕이 자기 처소에 서서 여호와 앞에서 언약을 세우되 마음을 다하고 목숨을 다하여 여호와를 순종하고 그의 계명과 법도와 율례를 지켜 이 책에 기록된 언약의 말씀을 이루리라 하고

32 예루살렘과 베냐민에 있는 자들이 다 여기에 참여하게 하매 예루살렘 주민이 하나님 곧 그의 조상들의 하나님의 언약을 따르니라

33 이와 같이 요시야가 이스라엘 자손에게 속한 모든 땅에서 가증한 것들을 다 제거하여 버리고 이스라엘의 모든 사람으로 그들의 하나님 여호와를 섬기게 하였으므로 요시야가 사는 날에 백성이 그들의 조상들의 하나님 여호와께 복종하고 떠나지 아니하였더라

요시야가 유월절을 지키다(왕하 23:21-23)

35 요시야가 예루살렘에서 여호와께 유월절을 지켜 첫째 달 열넷째 날에 유월절 어린 양을 잡으니라

2 왕이 제사장들에게 그들의 직분을 맡기고 격려하여 여호와의 전에서 직무를 수행하게 하고

3 또 여호와 앞에 구별되어서 온 이스라엘을 가르치는 레위 사람에게 이르되 거룩한 궤를 이스라엘 왕 다윗의 아들 솔로몬이 건축한 전 가운데 두고 다시는 너희 어깨에 메지 말고 마땅히 너희의 하나님 여호와와 그의 백성 이스라엘을 섬길 것이라

31

32

33

요시야가 유월절을 지키다(왕하 23:21-23)

35

2

3

4 너희는 이스라엘 왕 다윗의 글과 다윗
의 아들 솔로몬의 글을 준행하여 너희 족
속대로 반열을 따라 스스로 준비하고

5 너희 형제 모든 백성의 족속의 서열대
로 또는 레위 족속의 서열대로 성소에 서
서

6 스스로 성결하게 하고 유월절 어린 양
을 잡아 너희 형제들을 위하여 준비하되
여호와께서 모세를 통하여 전하신 말씀
을 따라 행할지니라

7 요시야가 그 모인 모든 이를 위하여 백
성들에게 자기의 소유 양 떼 중에서 어린
양과 어린 염소 삼만 마리와 수소 삼천 마
리를 내어 유월절 제물로 주매

8 방백들도 즐거이 희생을 드려 백성과
제사장들과 레위 사람들에게 주었고 하
나님의 전을 주장하는 자 힐기야와 스가
랴와 여히엘은 제사장들에게 양 이천육
백 마리와 수소 삼백 마리를 유월절 제물
로 주었고

9 또 레위 사람들의 우두머리들 곧 고나
냐와 그의 형제 스마야와 느다넬과 또 하
사뱌와 여이엘과 요사밧은 양 오천 마리
와 수소 오백 마리를 레위 사람들에게 유
월절 제물로 주었더라

10 이와 같이 섬길 일이 구비되매 왕의 명
령을 따라 제사장들은 그들의 처소에 서
고 레위 사람들은 그들의 반열대로 서고

11 유월절 양을 잡으니 제사장들은 그들
의 손에서 피를 받아 뿌리고 또 레위 사람

4

5

6

7

8

9

10

11

들은 잡은 짐승의 가죽을 벗기고

12 그 번제물을 옮겨 족속의 서열대로 모
든 백성에게 나누어 모세의 책에 기록된
대로 여호와께 드리게 하고 소도 그와 같
이 하고

13 이에 규례대로 유월절 양을 불에 굽고
그 나머지 성물은 솥과 가마와 냄비에 삶
아 모든 백성들에게 속히 분배하고

14 그 후에 자기와 제사장들을 위하여 준
비하니 이는 아론의 자손 제사장들이 번
제와 기름을 저녁까지 드리므로 레위 사
람들이 자기와 아론의 자손 제사장들을
위하여 준비함이더라

15 아삽의 자손 노래하는 자들은 다윗과
아삽과 헤만과 왕의 선견자 여두둔이 명
령한 대로 자기 처소에 있고 문지기들은
각 문에 있고 그 직무에서 떠날 것이 없었
으니 이는 그의 형제 레위 사람들이 그들
을 위하여 준비하였음이더라

16 이와 같이 당일에 여호와를 섬길 일이
다 준비되매 요시야 왕의 명령대로 유월
절을 지키며 번제를 여호와의 제단에 드
렸으며

17 그 때에 모인 이스라엘 자손이 유월절
을 지키고 이어서 무교절을 칠 일 동안 지
켰으니

18 선지자 사무엘 이후로 이스라엘 가운
데서 유월절을 이같이 지키지 못하였고
이스라엘 모든 왕들도 요시야가 제사장
들과 레위 사람들과 모인 온 유다와 이스

12

13

14

15

16

17

18

라엘 무리와 예루살렘 주민과 함께 지킨
것처럼은 유월절을 지키지 못하였더라

19 요시야가 왕위에 있은 지 열여덟째 해
에 이 유월절을 지켰더라

요시야가 죽다(왕하 23:28-30)

20 이 모든 일 후 곧 요시야가 성전을 정
돈하기를 마친 후에 애굽 왕 느고가 유브
라데 강 가의 갈그미스를 치러 올라왔으
므로 요시야가 나가서 방비하였더니

21 느고가 요시야에게 사신을 보내어 이
르되 유다 왕이여 내가 그대와 무슨 관계
가 있느냐 내가 오늘 그대를 치려는 것이
아니요 나와 더불어 싸우는 족속을 치려
는 것이라 하나님이 나에게 명령하사 속
히 하라 하셨은즉 하나님이 나와 함께 계
시니 그대는 하나님을 거스르지 말라 그
대를 멸하실까 하노라 하나

22 요시야가 몸을 돌이켜 떠나기를 싫어
하고 오히려 변장하고 그와 싸우고자 하
여 하나님의 입에서 나온 느고의 말을 듣
지 아니하고 므깃도 골짜기에 이르러 싸
울 때에

23 활 쏘는 자가 요시야 왕을 쏜지라 왕이
그의 신하들에게 이르되 내가 중상을 입
었으니 나를 도와 나가게 하라

24 그 부하들이 그를 병거에서 내리게 하
고 그의 버금 병거에 태워 예루살렘에 이
른 후에 그가 죽으니 그의 조상들의 묘실
에 장사되니라 온 유다와 예루살렘 사람
들이 요시야를 슬퍼하고

19

요시야가 죽다(왕하 23:28-30)

20

21

22

23

24

25 예레미야는 그를 위하여 애가를 지었
으며 모든 노래하는 남자들과 여자들은
요시야를 슬피 노래하니 이스라엘에 규
례가 되어 오늘까지 이르렀으며 그 가사
는 애가 중에 기록되었더라

26 요시야의 남은 사적과 여호와의 율법
에 기록된 대로 행한 모든 선한 일과

27 그의 처음부터 끝까지의 행적은 이스
라엘과 유다 열왕기에 기록되니라

유다 왕 여호아하스(왕하 23:30-35)

36 그 땅의 백성이 요시야의 아들 여
호아하스를 세워 그의 아버지를
대신하여 예루살렘에서 왕으로 삼으니

2 여호아하스가 왕위에 오를 때에 나이
가 이십삼 세더라 그가 예루살렘에서 다
스린 지 석 달에

3 애굽 왕이 예루살렘에서 그의 왕위를
폐하고 또 그 나라에 은 백 달란트와 금
한 달란트를 벌금으로 내게 하며

4 애굽 왕 느고가 또 그의 형제 엘리아김
을 세워 유다와 예루살렘 왕으로 삼고 그
의 이름을 고쳐 여호야김이라 하고 그의
형제 여호아하스를 애굽으로 잡아갔더라

유다 왕 여호야김(왕하 23:36-24:7)

5 여호야김이 왕위에 오를 때에 나이가
이십오 세라 예루살렘에서 십일 년 동안
다스리며 그의 하나님 여호와 보시기에
악을 행하였더라

6 바벨론 왕 느부갓네살이 올라와서 그
를 치고 그를 쇠사슬로 결박하여 바벨론

25
26
27
유다 왕 여호아하스(왕하 23:30-35)
36
2
3
4
유다 왕 여호야김(왕하 23:36-24:7)
5
6

으로 잡아가고
7 느부갓네살이 또 여호와의 전 기구들
을 바벨론으로 가져다가 바벨론에 있는
자기 신당에 두었더라
8 여호야김의 남은 사적과 그가 행한 모
든 가증한 일들과 그에게 발견된 악행이
이스라엘과 유다 열왕기에 기록되니라
그의 아들 여호야긴이 대신하여 왕이 되
니라

유다 왕 여호야긴(왕하 24:8-17)

9 여호야긴이 왕위에 오를 때에 나이가
팔 세라 예루살렘에서 석달 열흘 동안 다
스리며 여호와 보시기에 악을 행하였더라
10 그 해에 느부갓네살 왕이 사람을 보내
어 여호야긴을 바벨론으로 잡아가고 여
호와의 전의 귀한 그릇들도 함께 가져가
고 그의 숙부 시드기야를 세워 유다와 예
루살렘 왕으로 삼았더라

유다 왕 시드기야(왕하 24:18-20; 25:1-21; 렘 52:1-11)

11 시드기야가 왕위에 오를 때에 나이가
이십일 세라 예루살렘에서 십일 년 동안
다스리며
12 그의 하나님 여호와 보시기에 악을 행
하고 선지자 예레미야가 여호와의 말씀
으로 일러도 그 앞에서 겸손하지 아니하
였으며
13 또한 느부갓네살 왕이 그를 그의 하나
님을 가리켜 맹세하게 하였으나 그가 왕
을 배반하고 목을 곧게 하며 마음을 완악
하게 하여 이스라엘 하나님 여호와께로

7

8

유다 왕 여호야긴(왕하 24:8-17)

9

10

유다 왕 시드기야(왕하 24:18-20; 25:1-21; 렘 52:1-11)

11

12

13

돌아오지 아니하였고

14 모든 제사장들의 우두머리들과 백성 14
도 크게 범죄하여 이방 모든 가증한 일을
따라서 여호와께서 예루살렘에 거룩하게
두신 그의 전을 더럽게 하였으며

15 그 조상들의 하나님 여호와께서 그의 15
백성과 그 거하시는 곳을 아끼사 부지런
히 그의 사신들을 그 백성에게 보내어 이
르셨으나

16 그의 백성이 하나님의 사신들을 비웃 16
고 그의 말씀을 멸시하며 그의 선지자를
욕하여 여호와의 진노를 그의 백성에게
미치게 하여 회복할 수 없게 하였으므로

17 하나님이 갈대아 왕의 손에 그들을 다 17
넘기시매 그가 와서 그들의 성전에서 칼
로 청년들을 죽이며 청년 남녀와 노인과
병약한 사람을 긍휼히 여기지 아니하였
으며

18 또 하나님의 전의 대소 그릇들과 여호 18
와의 전의 보물과 왕과 방백들의 보물을
다 바벨론으로 가져가고

19 또 하나님의 전을 불사르며 예루살렘 19
성벽을 헐며 그들의 모든 궁실을 불사르
며 그들의 모든 귀한 그릇들을 부수고

20 칼에서 살아 남은 자를 그가 바벨론으 20
로 사로잡아가매 무리가 거기서 갈대아
왕과 그의 자손의 노예가 되어 바사국이
통치할 때까지 이르니라

21 이에 토지가 황폐하여 땅이 안식년을 21
누림 같이 안식하여 칠십 년을 지냈으니

여호와께서 예레미야의 입으로 하신 말
씀이 이루어졌더라

고레스의 귀국 명령(스 1:1-4)

22 **바사의 고레스 왕 원년에 여호와께서**
예레미야의 입으로 하신 말씀을 이루시
려고 여호와께서 바사의 고레스 왕의 마
음을 감동시키시매 그가 온 나라에 공포
도 하고 조서도 내려 이르되

23 **바사 왕 고레스가 이같이 말하노니 하**
늘의 신 여호와께서 세상 만국을 내게 주
셨고 나에게 명령하여 유다 예루살렘에
성전을 건축하라 하셨나니 너희 중에 그
의 백성된 자는 다 올라갈지어다 너희 하
나님 여호와께서 함께 하시기를 원하노
라 하였더라

고레스의 귀국 명령(스 1:1-4)

22

23

NOTE

NOTE

남기고 싶은 글

주기도문 새번역

하늘에 계신 우리 아버지,
아버지의 이름을 거룩하게 하시며
아버지의 나라가 오게 하시며,
아버지의 뜻이 하늘에서와 같이 땅에서도 이루어지게 하소서.
오늘 우리에게 일용할 양식을 주시고,
우리가 우리에게 잘못한 사람을 용서하여 준 것같이
우리 죄를 용서하여 주시고,
우리를 시험에 빠지지 않게 하시고, 악에서 구하소서.
나라와 권능과 영광이 영원히 아버지의 것입니다.
아멘.

새번역 사도신경

나는 전능하신 아버지 하나님, 천지의 창조주를 믿습니다.
나는 그의 유일하신 아들, 우리 주 예수 그리스도를 믿습니다.
그는 성령으로 잉태되어 동정녀 마리아에게서 나시고,
본디오 빌라도에게 고난을 받아 십자가에 못 박혀 죽으시고,
장사된 지 사흘 만에 죽은 자 가운데서 다시 살아나셨으며,
하늘에 오르시어 전능하신 아버지 하나님 우편에 앉아 계시다가,
거기로부터 살아 있는 자와 죽은 자를 심판하러 오십니다.
나는 성령을 믿으며, 거룩한 공교회와 성도의 교제와
죄를 용서받는 것과 몸의 부활과 영생을 믿습니다.
아멘.

십계명

제일은, 너는 나 외에는 다른 신들을 네게 두지 말라.

제이는, 너를 위하여 새긴 우상을 만들지 말고,
또 위로 하늘에 있는 것이나, 아래로 땅에 있는 것이나,
땅 아래 물 속에 있는 것의 어떤 형상도 만들지 말며,
그것들에게 절하지 말며, 그것들을 섬기지 말라.

제삼은, 너는 네 하나님 여호와의 이름을 망령되게 부르지 말라.

제사는, 안식일을 기억하여 거룩하게 지키라.

제오는, 네 부모를 공경하라.

제육은, 살인하지 말라.

제칠은, 간음하지 말라.

제팔은, 도둑질하지 말라.

제구는, 네 이웃에 대하여 거짓 증거하지 말라.

제십은, 네 이웃의 집을 탐내지 말라.

손글씨성경 [구약9_역대상,하]

2022년 6월 1일 초판 1쇄 발행

펴 낸 이 김수곤
디 자 인 디자인이츠
발 행 처 MISSION TORCH
등 록 일 1999년 9월 21일 제 54호
등록주소 서울 송파구 백제고분로 27길 12(삼전동)
전　　화 (02)2203-2739
팩　　스 (02)2203-2738
이 메 일 ccm2you@gmail.com
홈페이지 www.ccm2u.com